Verlag Große Sprünge

Durch unsere Gesellschaft geht ein Riss. Die Welt hat einen Sprung. Viele
sehen sich gezwungen, große Sprünge zu wagen, aber der große Sprung nach vorn
gelingt nicht so leicht. Wenn Welten sich begegnen, denkt man gern, die anderen hätten
einen Sprung in der Schüssel. Springen wir wenigstens ab und zu mal
über den eigenen Schatten!
Wir schaffen das.

Über das Buch

Mit Empathie und Humor beleuchtet die Autorin das Ankommen von Geflüchteten in unserer Gesellschaft. Konkret und lebendig vermittelt das Buch interkulturelle Aha-Erlebnisse. Geschichten, die unter die Haut gehen, Selbstverständliches in Frage stellen, Existenzielles ins Licht rücken - globale Herausforderung, gespiegelt im Alltäglichen. Ein vielschichtiger Beitrag zu der Frage: Wie schaffen wir das?

Brigitte Heidebrecht

Fernreise daheim

Von Flüchtlingen,
Kulturen, Identitäten
und anderen Ungereimtheiten

Verlag Große Sprünge

überarbeitete und erweiterte Auflage 2020
© Verlag Große Sprünge, Ludwigsburg 2019
Umschlag: Brigitte Heidebrecht, Cora Schäfer
Gesamtherstellung: www.epubli.de

www.verlag-grosse-spruenge.de

ISBN 978-3-9821383-1-2

Wir sehen die Dinge nicht, wie sie sind.
Wir sehen sie so, wie wir sind.

Anaïs Nin

Vorwort

Früher bin ich gern ins Ausland gereist - zum Zweck der Welt-Anschauung. 2015 ist das Ausland mit Wucht zu uns ins Inland gekommen. Seit dieser Zeit engagiere ich mich ehrenamtlich in der Flüchtlingsarbeit und erlebe nun daheim, was ich früher an fernen Orten erlebte: den staunenden Kontakt mit fremder Kultur. Das erlaubt Neugier und Faszination, und liefert ebenso oft Anlass zu Befremden und Reibung. Stolpersteine gibt es reichlich. Begriffe, Rollen und Selbstverständlichkeiten unterschiedlichster Art purzeln da übereinander.

Hier - in meiner eigenen Stadt - habe ich nun viel mehr Zeit, das Fremde zu erleben. Kann ich sehr viel näher treten, um zu begreifen. Davon will ich kleine Geschichten erzählen.

Ich kenne ca. 30 Geflüchtete namentlich und weiß etwas von ihnen. Die meisten sind Afghanen, ein paar kommen aus Syrien, Irak und Iran. Afrikaner kenne ich zufällig kaum.

90% der mir bekannten Geflüchteten sind junge Männer. Das liegt an dem Viertel, in dem ich wohne. Hier liegen zwei große Sporthallen, in denen 2015 gut 300 junge Männer untergebracht wurden. Eigentlich hätte ich mich lieber für geflüchtete Frauen engagiert, aber die Familien lebten in Unterkünften am anderen Ende der Stadt, das war mir mit dem Fahrrad zu weit. Eine Bekannte nahm mich mit zum Café International im Gemeindehaus neben der Sporthalle. Und so landete ich bei den Jungs.

Einem guten Dutzend von ihnen habe ich seither irgendwann einmal geholfen, mal mehr, mal weniger. Sie sind zwischen 17 und 27 Jahre alt. Vier von ihnen betreue ich mittlerweile rundum - von Ausländeramt bis Bewerbungsschreiben, von Partnersuche bis Zahnarztbesuch. All diese jungen Männer und immer wieder einmal noch ein paar ihrer Freunde drumherum sind die Basis meiner Geschichten.

Anfangs gab es im Café International eine wilde Mischung von Nationalitäten. Mit den wenigsten konnte man sich sprachlich verständigen, und wenn, dann war ihr Englisch oft nicht allzu tragfähig. Ich bin Tanzpädagogin, ich wollte syrisch und afghanisch tanzen lernen, und tanzen konnte ich auch mit denen, mit denen man nicht reden konnte. Die afghanischen Jungs konnten zwar Pashto, Dari, Farsi, Urdu, Usbeki oder sonstwas, aber wir verstanden das ja nicht. Musik verstanden alle.

Mit der Zeit zogen die Syrer an den Afghanen vorbei. Sie bekamen ihre Anerkennungen, sie bekamen ihre Deutschkurse, und viele fanden deutsche Paten, die sich freuten, nun allmählich richtig mit ihnen reden zu können. Die Afghanen blieben zurück. Bis auf einen haben meine Jungs auch jetzt nach 4 Jahren noch keine Bleibeperspektive.

Viele der jungen Afghanen, die ich kenne, kommen vom Dorf. Oder sie kommen aus den großstädtischen Ballungsräumen in den Nachbarländern Pakistan und Iran, wo bereits ihre Eltern als Flüchtlinge leben. Sie gehören zu den gut 10 % der Geflüchteten in Deutschland, die gar keine oder sehr wenig Schulbildung haben. Da die Asylanträge junger männlicher Afghanen fast durchgehend abgelehnt werden (egal aus welchen guten Gründen sie zu uns geflohen sein mögen), haben sie nur ab und zu die Chance, einen der wenigen für nicht anerkannte Flüchtlinge vorgesehenen Deutschkurse zu besuchen.

Manche kamen als vollständige Analphabeten zu uns. Andere hatten lediglich manchmal die Koranschule besucht, in die man geht, wenn man Zeit hat und nicht dem Vater bei der Arbeit helfen muss. Viele bleiben auch nach einigen Jahren in Deutschland funktionale Analphabeten. Das bedeutet, sie lernen zwar unsere Schriftzeichen (in Afghanistan benutzt man die arabische Schrift) und sie lernen auf Deutsch lesen und schreiben, aber das heißt noch lange nicht, dass sie übers Zurechtbuchstabieren von Wör-

tern und Sätzen hinaus wirklich einen Text erfassen können. Ihre Orientierung in der Welt bleibt eine mündliche, was einen fundamentalen Unterschied macht. Die Verständigung mit ihnen bleibt mehr oder weniger mühevoll, man braucht Geduld. Ihr holperndes Deutsch hat Eingang in meine Texte gefunden.

Ich hatte nicht vor, speziell über Afghanen zu schreiben, sondern über meine Begegnung mit dem Fremden. Insofern ist es im Grunde ein Glücksfall, dass mir vor allem die Afghanen zugefallen sind. Fremder geht's schier nimmer.

Natürlich schreibe ich nicht über "die" Afghanen, und schon gar nicht über "die" Geflüchteten. Ich schreibe über einige bildungsferne junge Männer, die ich seit 2015 kenne, die von einem sehr anderen Ende der Welt zu uns gekommen sind und für die die Integration in unsere Gesellschaft eine enorme Herausforderung ist (was immer wir uns unter Integration vorstellen mögen).

Die Namen

Alle Personennamen in den Texten sind verändert. Und obschon es Texte gibt, die von den gleichen Personen handeln, hat der Protagonist in jeder Geschichte einen anderen Namen bekommen.

Früher hießen Orientalen für mich Ali oder Mohamed. Als die Orientalen in mein Land kamen, entdeckte ich viele Namen, die ich noch nie gehört hatte. Ich lernte, dass die Alis in der Regel Schiiten sind, die Mohameds (in all ihren Schreibweisen mit o oder u, mit doppeltem oder einfachem m, und am Ende entgegen unserer Schreibweise meist mit -ad) dagegen überall vorkommen. Ich stellte fest, dass ich am Vornamen nicht unbedingt erkennen kann, ob ich einen Syrer, Iraker oder Afghanen vor mir habe, weil sich die Eltern in muslimischen Ländern gern bei den 99 Namen Allahs bedienen. Ich erfuhr, dass die Nachnamen nicht selten eine spontane Verlegenheitserfindung beim Grenzübertritt waren, weil man in

*diesen Ländern zwar eine Ahnenreihe hat, aber nicht unbedingt
einen Familiennamen. Ein ganzer Kosmos von Personennamen
mit fremdem Klang öffnete sich mir und ich merkte, dass ich keine
Ahnung gehabt hatte, wie Orientalen heißen.*

Ludwigsburg, im Herbst 2019
Brigitte Heidebrecht

Zur Aussprache der Namen:
- *z ist ein weiches S*
- *s ist ein scharfes S*
- *j wird gesprochen wie Dsch in Dschungel*
- *oo oder ou wird wie u ausgesprochen*
- *kh klingt ungefähr wie ch in noch*
- *gh klingt wie ein heiseres R hinten im Rachen*
- *w klingt wie das englische doubleyou*
- *Viele Namen werden anders betont als wir es vermuten, die meisten auf der
  letzten Silbe.*

Anders als erwartet

Sadiq hatte als Küchenjunge in Mazar-e Sharif für die deutschen und amerikanischen Soldaten gearbeitet, deshalb galt er den Taliban als Verräter. Er fand die deutschen Soldaten netter als die amerikanischen, sie erschienen ihm weniger herrisch, und so floh er, als die Taliban ihn erschlagen wollten, nach Deutschland.

Er hatte gehört, wie sich die deutschen und amerikanischen Soldaten miteinander auf Englisch verständigten und schloss daraus, dass in Deutschland Englisch gesprochen wird. Er hatte sich bemüht, einige englische Redewendungen aufzuschnappen: *Hello, how are you. I'm fine.*

Als er über die deutsche Grenze kam und auf deutsche Polizisten traf, war er verunsichert: Die sprachen ja gar nicht Englisch! *Is this Germany?* fragte er den Grenzbeamten irritiert.

Von da an begann ein langer Lernprozess, der eins ums andere Mal in der Erkenntnis mündet: *Deutschland ist gaaaanz anders.*

2015

Willkommen in Deutschland. So oder ähnlich heißen Broschüren, die den Fremden helfen sollen, in der Fremde anzukommen. Da wird versucht zu erklären, wie Deutschland funktioniert. Wie ist das hier, wie sind die Deutschen, wie kauft man ein Brot, wie sagt man Hallo und auf Wiedersehen...

Was mal klar ist: In Deutschland schüttelt man Hände.

Ich hatte mir das mit ca. 20 Jahren abgewöhnt. Nach *Gib der Tante das richtige Händchen* kamen die 68er. Ein berührungsloses *Hallo* gefiel uns damals einfach besser.

Jetzt strecken sich mir zahlreiche Hände entgegen: *Guten-Tag-wie-geht-es-Ihnen.* Ich würge überrumpelt ein *Gut!* hervor. Wir hatten uns doch alle leeren Floskeln abgewöhnen wollen. Jetzt gewöhne ich mir wegen der Jungs in den Turnhallen die Floskeln wieder an.

Also gut. Innerlich grinsend schüttle ich Hände wie eine Weltmeisterin. Ich will ja freundlich zu ihnen sein, ihnen jetzt die Hand verweigern, das ginge ja gar nicht. Tja, so funktioniert anscheinend Deutschland. Werde ich jetzt deutscher als mir lieb ist, weil die Fremden da sind? Kontraste sollen ja belebend sein... Ich weiß nicht recht, was ich davon halten soll.

Grenzenlos

Als ich im Café International neben der Sporthalle Moheb kennen lerne, ist er erst wenige Monate in Deutschland und es gibt noch keine gemeinsame Sprache, in der wir uns verständigen können, außer der einen: Tanzen. Von ihm lerne ich die ersten afghanischen Tanzschritte: Qataghaní, die afghanische Variante dessen, was wir orientalischen Bauchtanz nennen, und Atán, den Nationaltanz der Paschtunen.

Mit Hilfe von Zamir, der ein wenig Englisch kann, bitte ich Moheb, mir vorzutanzen. Ich möchte ein Video aufnehmen, um daheim in Ruhe die Tanzfiguren notieren zu können. Moheb willigt ein, allerdings unter einer Bedingung: Ich dürfe das Video nur für mich nutzen und es auf keinen Fall auf Youtube hochladen.
Okay. Aber warum nicht, why not?
Zamir erklärt mir in holprigem Englisch, warum außer Moheb die meisten Afghanen hier zu scheu sind, mir etwas vorzutanzen: Sie haben wenig Erfahrung damit, da die Taliban Musik und Tanz verteufeln und bisweilen ganze Hochzeitsgesellschaften umbringen, wenn sie sie beim Tanzen erwischen. Und das ist auch der Grund, warum Moheb darauf besteht, dass kein Foto oder Video ins Internet gerät, das ihn tanzend zeigt. Er fürchtet, seine Familie in Afghanistan in Gefahr zu bringen, falls die Taliban ihn im Netz entdecken.

Nicht einmal hier also können sie tanzen ohne Angst. Noch selten ist mir die globalisierte Welt so klein erschienen.

Neuland

1.

Hallo Farid, wie geht's?
Ein bisschen krank. Halsschmerzen.
Oh. Hast du Halsschmerztabletten?
Nein, nicht habe.
Warte, ich bringe dir welche vorbei.

Als ich zu ihm komme, stellt sich heraus: der Hals tut ihm nicht
vorne weh, sondern hinten. Nicht die Gurgel, sondern der Nacken.
Aha. Und wieder muss er neue Wörter lernen: Halsschmerzen,
Halsweh, Nackenschmerzen... Nein, Nackenweh gibt es nicht.
Schwer deutsch, sagt Farid, und ich radle noch einmal heim und
hole eine Wärmflasche. Auch so ein schweres Wort: *Warm
Flasche?*
Nein, Wärmflasche. Kennst du sowas?
Nein, nicht ich kenne.

2.

Habib, hast du Lust, ein Praktikum zu machen?
Habib wird mein erster Praktikant. Ich finde einen interessierten
Arbeitgeber. Wir schreiben die verlangte Bewerbung, d.h. ich
schreibe sie, ich drucke sie aus, ich stecke sie in einen Briefumschlag. *Guck mal, das hier heißt Briefumschlag.* Wir steigen in
mein Auto und ich zeige ihm, wo die Firma ist.

Es ist Abend, wir stehen vor dem dunklen Tor, vor uns ein riesiger
Briefkasten. Freudig drücke ich Habib den Briefumschlag in die
Hand: *Komm, das wirfst du selber ein!*

Habib steht unschlüssig vor dem großen Kasten, dreht den Brief in
den Händen.
Was machen? Er schaut mich fragend an.

Ganz langsam fällt bei mir der Groschen...
Guck mal, das hier heißt Briefkasten.
In Afghanistan keine Briefkasten, sagt Habib. *In meine Dorf keine
schreiben Brief.*
Nein. Und bei euch wäre es bestimmt sehr unhöflich, einfach einen
Brief einzuwerfen bei Nacht, anstatt bei Tag zu klopfen und einen
Tee miteinander zu trinken.

Eins zwei drei

Wir üben die deutschen Namen der Monate: Januar, Februar, März... Mortaza zählt die Monate an seinen Fingern ab.

Ich bin verblüfft: Er beginnt mit dem kleinen Finger, nicht mit dem Daumen. Und er streckt die Finger nicht einen nach dem anderen aus - nein, er knickt sie einen nach dem anderen ein.

Mein Gott, sieht das falschrum aus!

Im deutschen Wald

Ich gehe mit Hassan spazieren. Es stellt sich heraus, dass es das erste Mal ist, dass er in Deutschland im Wald spazieren geht.

Wir sind noch nicht weit gegangen, da beginnt er zu erzählen:
Bulgarien auch viele Wald...!
Und dann sprudelt er los: Wie sie von den Schleppern angewiesen wurden, nicht auf morsche Äste zu treten, damit es nicht laut knackt. Wie sie in der Ferne die Polizisten sahen und sich im Dickicht versteckten. Wie die zwei Bären ihnen entgegenkamen. Wie sie Stunde um Stunde liefen, Tag um Tag, wie sie angetrieben wurden, *schnell, schnell!* Wie sein Fuß ihm wehtat. Wie viele sie waren. Wie sie im Unterholz schliefen.
Wenig essen, wenig trinken. Ich viele Angst.

Ups. Wie sich der Wald um mich herum verwandelt. Ich hatte ihm ja eigentlich etwas Gutes tun wollen mit diesem Ausflug. Ich lege meinen Arm um seine Schulter.
Oh Hassan... In unserem Wald hier gibt's keine Polizisten, keine Bären - nur Schmetterlinge!
Deutschland sehr gut, sagt Hassan aus tiefster Seele.

Vor lauter Bulgarien habe ich den Weg verloren.
Hassan, jetzt weiß ich grad nicht mehr genau, wo wir sind.
Aber die Richtung weiß ich noch, im Zickzack finden wir auf den alten Weg zurück. An den Weggabelungen hebt Hassan Stöcke auf und legt sie gekreuzt an den Wegrand. Ich schaue ihm zu, wie er mit großer Selbstverständlichkeit die Stöcke zurechtknickt. Alles klar, so könnten wir den Weg wieder zurück finden. Jetzt sind wir also nicht mehr in Bulgarien, jetzt sind wir in Afghanistan.

Wir kommen an den Fluss, das gefällt ihm. Ich erkläre ihm Blumennamen. *Sehr schön,* sagt er. Junge Männer aus Afghanistan lieben Blumen.

Guck mal, was ist das? Ich zeige auf ein Wanderwegzeichen am Baum, ein weißes Schildchen mit einem roten Kreuz.

Er überlegt, legt die Stirn in Falten.

Apotheke?

Gute Idee! sage ich. Dann hebe ich zwei Stöcke auf und kreuze sie.

Achso! lacht Hassan.

Aber wie erkläre ich jetzt, wozu ein Wanderweg gut ist?

Bist du da?

Alam hat in der S-Bahn ein herrenloses Laptop gefunden. Ich habe den Besitzer ausfindig gemacht, nun will ich Alam den Finderlohn aushändigen. Wir verabreden uns per WhatsApp im Café International. Ich schreibe ihm, dass ich um 18:30 Uhr dort sein werde. Er schreibt zurück: *Ich komme.*

Um 18:30 Uhr bin ich da. Alam ist nicht da. Darüber wundere ich mich nicht mehr, denn ich bin nun schon eine Weile in der ehrenamtlichen Flüchtlingsarbeit aktiv.

Irgendwann brummt mein Handy. Alam schreibt: *Bist du in Café?*
Ich schreibe zurück: *Ja, ich bin hier.*
Alam: *Ich kommen 10 Minute.*

Zehn und noch viele Minuten mehr vergehen, während ich mich ins Gespräch mit einigen jungen Gambiern vertiefe. Irgendwann kommt Alam, begrüßt mich freundlich und nimmt seinen Finderlohn entgegen.

Erst später auf dem Heimweg wundere ich mich dann doch: Warum hat er eigentlich extra nochmal nachgefragt, ob ich im Café bin? Ich hatte doch klipp und klar gesagt, dass ich ab 18:30 Uhr dort sein werde. Offensichtlich hat Alam sich einfach nicht vorstellen können, dass eine, die sagt, dass sie um 18:30 Uhr da ist, tatsächlich um 18:30 Uhr da ist.

Von A nach B

In der Nachbargemeinde Tamm soll eine neue Flüchtlingsunterkunft eröffnet werden. Man fragt mich, ob ich für die Eröffnungsfeier passende Musiker kenne. Ich empfehle Firas, Jafar und Hamid. Sie sind Hochzeitsmusiker, spielen afghanische Rubab, indisches Harmonium und Tablas und singen ganz wunderbar dazu.

Nachdem ich sie empfohlen habe, wird mir schlagartig klar, dass es sicher nicht beim Empfehlen bleiben wird: Ich werde wohl auch dafür sorgen müssen, dass die drei am richtigen Tag zur richtigen Zeit am richtigen Ort ankommen. Denn mit der E-Mail der Kommunalverwaltung, die über den Ablaufplan der Einweihungsveranstaltung informiert, können die drei nichts anfangen. Sie haben ja nicht einmal eine Mailadresse.

Am einfachsten wäre es, die drei ins Auto zu packen und sie nach Tamm zu fahren. Aber ich habe anderes vor an diesem Tag. Okay, ich werde sie hinlotsen, mehr kann ich nicht tun.

Die drei Musiker wohnen in drei verschiedenen Orten, also suche ich drei verschiedene U- und S-Bahn-Verbindungen heraus und gebe sie ihnen durch. In so einfachem Deutsch wie möglich. Die drei sind zwar geniale Musiker, aber ihr Deutsch ist erheblich weniger genial.
Ich erstelle eine WhatsApp-Gruppe: *Alles klar?*

Der Dame von der Kommunalverwaltung empfehle ich, die Musiker von der S-Bahn abzuholen.
Es seien nur 5 Minuten zu Fuß, meint sie.
Ja… aber in welche Richtung?
Es ist keineswegs selbstverständlich, dass Afghanen Karten lesen können. Völlig unabhängig von ihrem IQ. Was ist eine Landkarte, ein Stadtplan? Das müsste man ja erst einmal vom Prinzip her ver-

standen haben. Und wenn einem das im ganzen Leben noch niemand erklärt hat?

Ich frage einen Ehrenamtskollegen, ob er sie sicherheitshalber begleiten mag. Aber auch er hat keine Zeit.
Die schaffen das schon allein. Er ist optimistisch.
Ich nicht.

Drei Tage vor der Veranstaltung.
Hamid schreibt mir: *Ich komme nicht.* Na, auf sowas habe ich gewartet.
Ich schreibe zurück: *Was??? Das ist nicht gut!*

Daraufhin schickt Hamid eine lange Sprachnachricht: dass sein Leben kaputt sei und alles schlecht und er wolle nie wieder Musik machen und noch einiges mehr, was ich nicht verstehe.
Wahrscheinlich zu viel gekifft, meint der Ehrenamtskollege. Aber Hamids Leid ist ja so echt wie jedes psychische Leid auf dieser Welt. Man müsste jetzt mit dem armen Kerl reden, ihn wieder aufrichten... aber das kann ich beim besten Willen nicht auch noch. Ich manage jetzt diesen Auftritt und gut ist's! Als verantwortungsbewusste, zielorientierte und pragmatische Deutsche fange ich auf der Stelle an, einen anderen Trommler zu suchen.

Unterdessen interveniert Firas in der WhatsApp-Gruppe: *Was machst du, Bruder? Was hast du Problem? Ich helfen dir! Kommst du! Du bist meine Bruder!*
Netterweise sogar auf deutsch, dass ich es auch verstehe.

Schließlich und endlich schreibt Hamid, dass er zum Auftritt kommen werde. Aber nur mir zuliebe!

Zwei Tage vor der Veranstaltung.
Firas schickt eine Sprachnachricht: Ob sie abends oder morgens um neun in Tamm sein sollen?

Wallah...! Ich habe mindestens dreimal schon geschrieben: *am Vormittag.* Okay, also noch einmal.

Alles klar, schreibt Firas. Und fügt für seine Kumpels noch eine Sprachnachricht an: *...und wir gehen Sonntag Vormittag...*
Nein! Samstag!!! whatsäppe ich verzweifelt.
Okay, kommt es unverdrossen zurück.

Einen Tag vor der Veranstaltung.
In Anbetracht der mir inzwischen vertrauten Kurzzeitgedächtnis-spanne von Afghanen wiederhole ich per WhatsApp noch einmal die Abfahrtzeiten für jeden der drei. Und die Ankunftszeit: *S5 nach Bietigheim, aussteigen in Tamm 9:49. Viel Spaß!*

Am Morgen der Veranstaltung.
Ich habe beschlossen, mir keine Gedanken darüber zu machen, ob die drei heute kurz vor zehn in Tamm sein werden oder nicht. Aber während ich das Frühstück zubereite, meldet sich mein Handy und Jafar schreibt: *Ich komme in Bietigheim.*
Ich schaue auf die Uhr: Es ist kurz vor neun. Ich atme tief aus.
Okay, besser zu früh als zu spät. Und dann haben sie ja noch ge-nug Zeit, um nach Tamm zurückzufahren.

Es stellt sich dann aber heraus, das sie doch in Tamm ausgestie-gen sind, und dass sie tatsächlich zu dritt sind. Na prima!
Aber dann: *Wann kommst du?*
Ich habe euch doch gesagt, ich komme nicht, ich habe heute an-dere Termine.
Menschenskinder... Nein, ich will jetzt nicht genervt klingen. So geduldig wie ich nur kann erkläre ich ihnen, dass sie eine Stunde zu früh dran sind und dass sie um Punkt 9:49 von irgendjemandem abgeholt werden.

Hamid findet, es sei sehr kalt, er habe keine Jacke.
Das ist nicht mein Problem, Hamid!
Okay, alles gut, lenkt er freundlich ein.

Aber in Afghanistan würde natürlich kein Mensch so eine grobe Unhöflichkeit begehen und jemanden allein und noch dazu frierend an einem fremden Bahnhof herumstehen lassen. In Afghanistan würde man seine Bekannten selbstverständlich persönlich begleiten, man würde seine Jacke ausleihen und man würde ohne Zögern irgendwelche anderen Termine dafür sausen lassen. Schließlich sind wir alle Brüder (und hier in Deutschland merkwürdigerweise auch Schwestern, okay), und da geht man doch zusammen! Schließlich spielt er heute nur mir zuliebe. Niemals würde er mich betrüben wollen. Und nun steht er da an diesem Bahnhof und friert. Diese Deutschen sind so merkwürdig... Irgendwie kalt und unpersönlich, so nett sie auch manchmal erscheinen. Man muss sich wohl daran gewöhnen. Aber leicht ist das nicht.

Und weil sie es einfach nicht begreifen können, wie diese Deutschen ticken, schickt Firas mir am Nachmittag auf dem Heimweg noch eine WhatsApp.
Danke für alles. Warum haben Sie heute nicht gekommen?

Als ich zurückrufe, ignoriere ich diese Frage.
War es gut? Hat es Spaß gemacht?
Ja, gut, aber dann habe er noch eine Frage: *Warum Sie nicht gekommen heute?*
Na hör mal...
Andere Termine, Firas, das habe ich doch gesagt.
Jetzt will Jafar noch mit mir sprechen.
Hallo, alles gut? Ich habe eine Frage. Du nicht gekommen. Warum?
Jetzt langt's aber bald.
Termine, Jafar, Termine.
Aber das Verhör geht weiter.
Was Termine? Wo bist du gegangen?
Holla, mein Junge! Aber anscheinend muss ich hier jetzt Rede und Antwort stehen.
Termine mit meinen Freunden, sage ich.

Achsooo! Deine Freunde, ja? Alles klar!
Und ich spüre: Ich bin auf der Stelle rehabilitiert.

Ein paar Wochen später. Ich fahre mit Jafar und seinem Harmonium im Auto nach Waiblingen, wo er in einem Cafe einen Soloauftritt haben wird. Wir waren vor einem halben Jahr schon einmal zusammen dort.
Warte! sagt Jafar, als ich am Stadtrand das GPS einschalten will.
Und er diktiert mir tupfengenau, wie ich fahren muss.

Wie man's macht, so ist's verkehrt

Bashir muss für zwei Tage ins Krankenhaus, eine kleine OP machen lassen. Die Fachklinik liegt in einer ihm unbekannten Stadt. (*Warum Klinik liegt, warum nicht steht*?! würde Bashir jetzt lachend fragen.)

Ich schreibe ihm auf, welche S-Bahnen er nehmen muss, wo er wann umsteigen muss, und notiere ihm, was er mitnehmen soll: Zahnbürste (Ich stutze: Hat er wohl sowas?), Schlafanzug (*Was ist das? T-Shirt und Shorts? Ja okay, das geht.*), Einweisungsschein, AOK-Karte, Wäsche für den nächsten Tag.

Aber wie es der Teufel will: Als Bashir nach zweimalig erfolgreichem Umsteigen pünktlich um kurz vor 8 die Klinik erreicht hat, wird ihm schlagartig klar: Er hat die Einweisung vergessen.

Jetzt hat Bashir ein echtes Problem. Er hat einen Termin: um 8 Uhr soll er in der Klinik sein. Und er hat ein Papier: das liegt zu Hause. Was ist wichtiger? Bashir weiß: den Deutschen sind zwei Dinge heilig - Termine und Papiere. Und jetzt?

Er versucht mich anzurufen. Aber mein Handy ist aus. Gefühlte zwanzig Minuten steht Bashir an der Haltestelle - *ich viel Stress gehabt* - dann dreht er um und fährt heim, das Papier holen.
Ich viel gedacht. Ich weiß: keine Papier, keine Deutschkurs, keine Job, keine in Deutschland bleiben... Ich habe keine Papier, ich nicht gehe Klinik!
Dann korrigiert er sich: *...zu Klinik.*
Er schaut mich fragend an. *...nach Klinik?*
In die Klinik, sage ich seufzend.

Wessen Fehler?

E-Mail an die Mentorin, bei der Ajmal gerade sein Praktikum macht:

...und noch eine Erklärung, warum Ajmal Sie nicht angerufen hat: Ich hatte ihm Ihre Telefonnummer diktiert, aber ohne Vorwahl. Was so eine Vorwahl bedeutet und was die Vorwahl von Ludwigsburg ist, das überblickt er nicht, das ist zu viel verlangt. Ich hätte ihm die komplette Nummer diktieren müssen, dann hätte er Sie sofort angerufen.
Tja, so sind die Fehler der Flüchtlinge gleichzeitig auch oft unsere eigenen Fehler, wir ergänzen uns prächtig.

Beste Grüße und noch einen guten Tag!

Möglichst schnell in Ausbildung

Dass der Weg in den deutschen Arbeitsmarkt für die meisten Flüchtlinge ein sehr weiter Weg sein wird, befürchten deutsche Arbeitgeber. Dass man deshalb möglichst bald den Einstieg in die Arbeitswelt einfädeln sollte, denken Sozialarbeiter*innen und ehrenamtliche Helfer*innen. Fahad wurde nach einigen Monaten in Deutschland der Einstieg in eine Qualifizierungsmaßnahme angeboten. Er hat abgelehnt.

Er will sich lieber einen Job suchen, irgendeinen.
Das scheint nicht vernünftig.
Warum hast du das abgelehnt, Fahad?

Fahad ist Mitte zwanzig und hat in Syrien sein Studium abgeschlossen, dann begab er sich auf die Flucht. Wäre er nicht geflohen, hätte er nach dem Studium für Assad kämpfen müssen. Er kam allein. Seine Familie ist in Syrien - seine Eltern, die unverheirateten und die verheirateten Geschwister und deren Kinder. Die Familie hat alles Geld zusammengelegt, um seine Flucht zu finanzieren. Die Familie lebt im Krieg. Fahad will seiner Familie so schnell wie möglich Geld schicken. Individuelle Karriereplanung ist kein Thema für Fahad. Fahad ist kein Individuum - Fahad ist Teil einer Großfamilie.

Wie eine Mutter

Er ist mein Freund, nein, er ist noch mehr, er ist wie mein Bruder, sagt Muhamad über Hossein, mit dem er in der Sporthalle das Doppelstockbett teilt.
Sie hat uns so viel geholfen, sie ist wie eine Mutter für uns, sagt Wael beim Syrischen Abend und holt seine Deutschlehrerin auf die Bühne.
Das ist meine deutsche Mama, sagt Javid zu dem Kind auf seinem Arm und zeigt auf seine ehrenamtliche Helferin.

Familiäre Metaphern sind in anderen Ländern deutlich häufiger in Gebrauch als bei uns. Bei uns würde man vielleicht eher sagen: *Sie ist eine echte Freundin.*

Unsere (echte) Freundin Monika gibt ehrenamtlich Deutschunterricht. Dadurch hat sie Bilal kennen gelernt, der in der Sporthalle mit den 200 Betten nachts nicht schlafen kann und eines Tages zu ihr sagt, dass er bald am Ende ist mit seiner Kraft. Da hat Monika es tatsächlich geschafft, ein privates Zimmer für ihn zu finden. *Wie eine Mutter,* findet nun am Telefon Bilals Mutter in Herat und schlägt ihrem Sohn vor, er möge Monika bitten, nun auch eine Frau für ihn zu finden. Monika ist verdattert und sieht sich vor die Aufgabe gestellt, Bilal zu erläutern, dass dies bei uns nicht zu den Aufgaben von Müttern gehört.

Im Deutschunterricht übt Monika mit ihren Schülern, wie die verschiedenen Verwandtschaftsbeziehungen auf Deutsch heißen: Lars ist der Sohn von Jürgen. Renate ist die Tante von Sofia. Mein Vetter heißt Abdul. Fatima ist meine Cousine... Es gibt Wörter, die scheinbar einfach zu erklären sind: Mutter, Vater, Geschwister, Onkel und Tante. *Ce sont tous mes frères,* das sind alles meine Brüder, sagte einst ein kleiner Junge in Westafrika zu mir und deutete dabei auf die Schar seiner zahlreichen Cousins. Eine Rose ist eine Rose ist eine Rose und mag eine Rose bleiben - aber eine Mutter ist nicht einfach eine Mutter, und ein Cousin, der in Deutschland ein Cousin ist, kann woanders durchaus ein Bruder sein.

Wir haben keine Heimat mehr, wir haben jetzt nur noch euch, sagt der junge Syrer auf der Bühne. Die Deutschen sind gerührt und applaudieren. Wer aber übersetzt den Deutschen die syrische Bedeutung der deutschen Verwandtschaftsbezeichnungen? Und wer vermöchte diesem jungen Syrer zu erklären, was ein "echter Freund" ist?

Verschlungene Wege

Raziq ist krank. Die Ärzte stellen eine Erbkrankheit fest. Raziq hat eine Schwester im heiratsfähigen Alter. Die Ärzte empfehlen dringend, auch die Schwester zu untersuchen, bevor sie Kinder bekommen wird.

Raziqs Schwester lebt im Iran. Die Eltern waren aus Afghanistan in den Iran geflohen, Raziq und seine Schwester wurden im Slum am Rande von Shiraz geboren. Später haben die Eltern ein Häuschen aus Lehm gebaut.

Die deutsche Ärztin, die Raziq genetisch untersucht hat, hat mir Utensilien für die Schwester mitgegeben: eine Nadel und ein Röhrchen für die Blutabnahme, ein Formular, einen Rückumschlag an die Klinik. Das sollen wir dem iranischen Arzt schicken.

Ich schreibe einen Begleitbrief auf Englisch und erkläre dem Arzt, warum er der Schwester Blut abnehmen und was er in das Formular schreiben soll. Aber wer weiß, wie gut der Arzt Englisch versteht? Sicherer ist, wir schreiben den Brief auch in Farsi.
Raziq, kannst du mir helfen?

Afghanischen Flüchtlingskindern im Iran ist der Schulbesuch verwehrt. Das Lesen und Schreiben auf Farsi hat sich Raziq mit Hilfe seines Handys selber beigebracht. Raziq versteht kein Englisch, also übersetze ich den Brief zurück ins Deutsche.
Kannst du mir das in Farsi übersetzen, Raziq?
Nach den ersten Sätzen merke ich: Nein, kann er nicht. Ich muss den Brief noch einmal von Normaldeutsch in einfaches Deutsch übertragen.

Kannst du mir das als E-Mail schreiben, Raziq? Damit ich es später ausdrucken kann.
Nein, kann er nicht. E-Mail hat er noch nicht gelernt. Er kann

WhatsApp, also schreibt er es mir erst einmal in WhatsApp. Wirklich sehr hübsch, diese arabischen Schriftzeichen. Dann kopieren, einfügen, und ich schicke mir selber eine E-Mail vom Handy auf den PC. Mail öffnen, wieder kopieren, um es in eine Word-Datei einzufügen... ups, das sieht irgendwie komisch aus. Mein PC verschluckt sich an den arabischen Kringeln, er schwankt zwischen Von-links-nach-rechts-markieren und Von-rechts-nach-links-markieren, das Programm kann sich offensichtlich nicht recht entscheiden, wie herum es die Sache angehen will. So ähnlich habe ich mich gefühlt, als ich neulich einen Koran in der Hand hatte: von hinten her aufblättern, das geht mir irgendwie gegen den Strich. Die Markierung auf dem Bildschirm flackert hin und her... aber schließlich ist dann doch alles markiert. Okay. Einfügen in Word. Ausdrucken.
Hier, Raziq, guck mal, ob alles richtig ist.

Nein, ist es nicht. Die Reihenfolge der Wörter stimme nicht, sagt Raziq. Ich blicke auf die hübsch geschlungenen Wellenlinien. Mir ist völlig schleierhaft, wo ein Wort aufhört und das nächste anfängt. Raziq schaut auf den Bildschirm: Auf meinem PC sei es besser. Ich mache den Drucker aus und wieder an und drucke es erneut. Dass der hübsche Buchstabenkringel, der auf dem Bildschirm ganz rechts ist, auf dem ausgedruckten Blatt ganz links steht, erkenne ich nun auch selber. Nee, so wird das nix.

Raziq, weißt du was, am besten du schreibst den Brief mit der Hand.
Raziq wiegt den Kopf. Da er sich am Handy das Schreiben beigebracht hat, könne er zwar gut ins Handy tippen, aber nicht so gut mit der Hand schreiben. Aber sein Vater könne das! Der habe eine Handschrift wie ein Doktor, findet Raziq. Er werde seinem Vater die WhatsApp schicken, und der Vater werde den Brief für den Doktor mit der Hand schreiben.
Okay, so wird es gehen.
Jetzt brauchen wir nur noch die Adresse deiner Schwester, damit

wir ihr das Röhrchen und das Formular schicken können.
Wieder wiegt Raziq den Kopf. Er hat zwar 20 Jahre seines Lebens im Haus seiner Eltern verbracht, aber eine schriftliche Adresse dieses Hauses hat er noch nie gebraucht. Er werde auch das seinen Vater fragen.

Zwei Tage später schickt mir Raziq per WhatsApp einen langen arabischen Bandwurm: *Das ist Adresse meine Familie.*
Hm...
Das kann die Deutsche Post nicht lesen, Raziq. Kannst du mir das in unseren Buchstaben schreiben?
Kann er. Ich bekomme etwas, was wie eine lange Wegbeschreibung klingt. Es beginnt mit: *Autobahn von Imam Reza...* dann folgt eine Aufzählung merkwürdiger Namen, dazwischen eine Nummer, einmal ein Wort, das ich als deutsch erkenne: *Platz...* dann wieder Namen und noch eine Nummer. Hm, kann man sowas als Adresse betrachten? Ich bin ratlos und lasse den Fall erstmal ein paar Tage ruhen.

Eine Freundin kennt eine iranische Akademikerin aus Teheran. Na prima, die kann doch vielleicht helfen, aus dem Bandwurm eine postfähige Anschrift zu machen. Ich schicke ihr den iranischen Text. Sie ist damit zufrieden und schreibt, sie habe das in Google Maps finden können, das sei okay. Aber da fehle noch eine Postleitzahl, und die wisse sie leider nicht.
Raziq, gibt es da noch eine Postleitzahl?
Raziq zuckt die Achseln.

Wenn sie das in Google Maps gefunden hat, dann kann ich ja auch mal gucken, wo das ist. Ich kopiere den Bandwurm und siehe da, Google streicht mir die Hälfte davon als unbekannt durch. Mit dem nicht durchgestrichenen Rest identifiziert Google tatsächlich eine Gegend am Rande von Shiraz.
Nein, da wohne seine Familie nicht, sagt Raziq. Das sei ein anderer Stadtteil.

Die iranische Akademikerin hat eine Idee: Wir sollen einen Test-
brief hinschicken, dann sehen wir, ob die Adresse funktioniert,
und wir könnten dann beruhigt die ärztlichen Unterlagen hinterher-
senden. Jawoll, so machen wir's!
Wir schreiben *Viele Grüße aus Deutschland* auf einen Zettel und
stecken ihn in einen Briefumschlag. Auf den Briefumschlag schreibe ich in lateinischen Buchstaben den Namen der Schwester, dazu
Shiraz, Iran. Dann schreibt Raziq mit ungelenker Handschrift den
Bandwurm ab.
Ziemlich viel für einen kleinen Briefumschlag.
Jetzt nur noch beten, dass die Deutsche Post das annimmt.

Die Post hat es angenommen. Wir warten auf die Nachricht der
Schwester, dass es angekommen ist.
Nein, ist es nicht.
Okay...
Vielleicht kennt ja jemand jemanden, der demnächst in den Iran
fährt?

Identitätsfeststellung

Afghanen interessieren sich nicht für ihren Geburtstag. Ein Kind wird geboren - das ist wichtig. An welchem Tag, in welchem Monat, in welchem Jahr - das ist egal. Wird das Kind auf dem Land geboren, ist es noch egaler. Irgendwann muss der Vater einmal in die Stadt, und wenn es da ein Amt gibt, dann meldet er bei der Gelegenheit das Kind an, so dass es später, wenn es größer ist, ein Ausweispapier bekommt. Manche Mütter merken sich vielleicht Tag und Monat der Geburt, und falls sie schreiben können, notieren sie es sich vielleicht, und später einmal sagen sie es vielleicht dem Kind. So weit so gut.

Ab Überquerung der deutschen Grenze wird der Geburtstag der Afghanen plötzlich wichtig. Hier will man wissen, "wer sie sind". Da wird Zafar von der Grenzpolizei also nach seinem Geburtstag gefragt. Und weil er keine Ahnung hat, ruft er mit dem Handy seinen Vater an. Der weiß es auch nicht genau, überlegt und sagt: *Ich glaube, du bist 18 Jahre alt.* Und weil das alles im Juli 2015 passiert, hat Zafar nun plötzlich einen "Geburtstag": den 1. Juli 1997.

Ab jetzt wollen andauernd deutsche Menschen von ihm wissen, wie alt er ist bzw. wann er Geburtstag hat. Achselzuckend und geduldig versucht Zafar, sich "seinen Geburtstag" zu merken.

Einige Zeit später schickt ihm der Vater mit der Post ein Ausweispapier nach, eine afghanische Tazkira. Da steht der Tag der Geburt gar nicht drin, denn so genau will es in Afghanistan wirklich niemand und nicht einmal ein Amt wissen. Aber das Geburtsjahr ist immerhin darin notiert. Soweit es denn wirklich das Geburtsjahr gewesen sein mag. Denn vielleicht kam der Vater erst nach dem Jahreswechsel wieder einmal in die Stadt, aber egal.

Nun ist also Zafars Geburtsjahr aktenkundig. Und siehe da: der Vater hat sich in dem Moment, als der Sohn damals anrief, verschätzt. Laut Tazkira ist Zafar ein Jahr jünger, geboren nicht in 1997, sondern in 1998. *Egal*, sagt Zafar und schüttelt lachend den Kopf.

Seiner deutschen Helferin ist es nicht egal, sie meldet die Datums-änderung allen deutschen Behörden, dem Hausarzt, der Bank... allen eben, die sowas in Deutschland wissen wollen. So auch der Deutschen Rentenversicherung, denn Zafar hat inzwischen einen Arbeitsplatz.

Alle korrigieren in ihren Unterlagen Zafars Geburtsdatum. Auch sein Flüchtlingsausweis wird korrigiert. Die Deutsche Rentenver-sicherung aber schickt einen Brief: dass man einen Geburtstag nicht einfach korrigieren könne. Und bittet um Vorlage eindeutiger Dokumente. Die deutsche Helferin schüttelt den Kopf über die Deutschen und schreibt achselzuckend einen geduldigen Brief an die Rentenversicherung: dass es das eindeutige Dokument, das man wünsche, leider auf dieser Welt nicht gebe, und dass man bitte mit der Jahreszahl in der Tazkira vorlieb nehmen möge, wie es alle anderen Ämter bereits taten.

Da schreibt die Deutsche Rentenversicherung Zafar einen drei-seitigen Brief des Inhalts, dass man sein Geburtsdatum nicht korri-gieren könne und aufgrund welcher vieler Paragraphen dies un-möglich sei und bis zu welcher Frist er dagegen Einspruch er-heben könne. Die deutsche Helferin erhebt Einspruch. Der Ein-spruch wird - nach langen Wochen - abgelehnt. Die deutsche Helferin schüttelt den Kopf, wie sie ihn nur schütteln kann, und ahnt, dass ihre Geduld mit deutschen Behörden irgendwann ein-mal zu Ende sein wird.

Dann stellt sie sich vor, wie es wäre, so zu leben: nicht zu wissen wie alt man ist, und von niemandem danach gefragt zu werden. Kein Ausweichen vor dieser Frage mehr, keine Peinlichkeiten. Keine runden Geburtstage mehr, die wer weiß wie gefeiert werden müssen. Keine Zahl mehr, vor der man erschrecken könnte. Einfach keine Zahl mehr. Man wäre tatsächlich so alt, wie man sich fühlt. Welch eine Leichtigkeit des Seins.

Auch Zafar muss immer wieder den Kopf schütteln.
In Afghanistan: essen, schlafen, arbeiten. Nicht wie viel Monate arbeiten - egal! Nicht wie viel Stunden arbeiten - egal! Essen, trinken, schlafen, blabla, fertig. Immer leben. Nicht immer sagen: wie viel.

Sich einen Namen machen

Wer etwas Besonderes tut, kann sich "einen Namen machen".
Ist er oder sie eine Weile damit erfolgreich, dann "hat" er/sie einen
Namen. Eine merkwürdige Formulierung eigentlich, denn einen
Namen hat ja schließlich jede/r. Sollte man meinen.

Manche aber haben irgendwie auch keinen. Jedenfalls keinen, der
ihnen wirklich gehört, bzw. keinen, den man ihnen glaubt. Weil sie
ihn nicht beweisen können. Weil sie keine Papiere haben. Weil sie
die in den Wirren der Flucht verloren haben. Oder weil sie nie welche besaßen. Dann argwöhnen andere, dass solche Menschen
einen "falschen" Namen haben.

Die Geflüchteten aus Afghanistan haben eigentlich nur einen Vornamen. Oder gern auch zwei davon. Ergänzt werden diese Vornamen im Falle von Mekkapilgern durch Voranstellung des Ehren-
titels Hadschi, was vom gesellschaftlichen Image her wohl so in
etwa unserem Doktortitel entspricht. Hinten angehängt an den
eigenen Vornamen wird eine Aufzählung der Vornamen von Vater
und Großvater, so wie manche von uns es aus ihrer Karl-Mai-
Lektüre kennen: wie bei *Hadschi Halef Omar ben Hadschi Abul
Abbas ibn Hadschi Dawuhd al-Gossarah*, der mit Kara ben Nemsi
durch den wilden Orient zog.

Vor deutschen Behörden aber müssen Geflüchtete auch einen
Nachnamen angeben - also haben sie sich bei Überquerung der
deutschen Grenze einen Namen machen müssen. Viele nahmen
dazu der Einfachheit halber den Namen ihres Vaters. So ähnlich
wie die Skandinavier es irgendwann einmal gemacht haben müssen, die nun alle Jansen, Hansen oder Petersen heißen. Andere
wählten den Namen ihres Dorfes oder ihres Clans. Manche dach-
ten sich auch einfach etwas Hübsches aus. Was sie später, falls
sie sich aus ihrem Land Papiere nachsenden lassen können, in

denen die Namen ihrer Vorväter aufgelistet sind, von Amts wegen korrigieren lassen müssen.

Manche aber haben sogar mehr als einen Namen. Mohammad zum Beispiel, der zunächst ganz unverdächtig Mohammad hieß und auch einen passablen Nachnamen präsentierte. Aber als ich Mohammad zu seinem Rechtsanwalt begleite, wird es kompliziert. Da zieht Mohammad ein Papier aus der Tasche, von dem bislang noch niemand etwas gesehen hat und auf dem ein völlig anderer Name steht. Das sei sein alter Name gewesen, sagt Mohammad, der Name, den er bei seiner Geburt erhalten habe. Als Kind sei er lange Zeit sehr krank gewesen, und da habe der Familienrat beschlossen, dass man ihm einen anderen, einen besseren Namen geben wollte, einen Namen, von dem die Krankheit sich besiegen lassen würde. So bekam er den Namen des Propheten. Mit dem lebe er nun schon viele Jahre, und so wolle er lieber auch weiterhin heißen. Denn bei einer Rückkehr zu seinem Geburtsnamen, wie er in den alten Papieren steht, würde er vermutlich wieder krank werden.

Nun dürfen wir gespannt sein, was die deutschen Ämter dazu sagen.

Blickwechsel

Überall sind sie im Stadtbild präsent, die jungen Männer mit der etwas brauneren Haut und den schwarzen Haaren. Und die, die noch mehr auffallen, weil man sie nicht mit türkischen Jungs verwechseln kann: die mit der ebenholzschwarzen Haut. Meist gehen sie in kleinen Gruppen, zu zweit, zu dritt oder zu mehreren durch die Stadt.

Wenn ich die jungen Afrikaner sehe, muss ich immer daran denken, dass sie alle in diesen Schlauchbooten gesessen haben..., sagt eine Freundin.

Ich mache es mir neuerdings zur Gewohnheit, solche jungen Männer ein wenig anzulächeln, wenn mir manchmal einer von ihnen ausnahmsweise allein entgegenkommt. Und sie lächeln - ein wenig verblüfft - zurück.

Demut

1.

Wassim ist heute dermaßen unkonzentriert beim Deutschlernen, dass ich ihn entnervt anpflaume. *Mensch Wassim!!*

Erst als ich mich das dritte Mal beklage, fängt er an zu erzählen. Von den Taliban, die vor ein paar Tagen in seiner Heimatstadt in das afghanische Militär-Camp eingedrungen sind und dort weit über hundert Menschen erschossen haben.
Ja, Wassim, ich weiß, ich habe das in der Zeitung gelesen.

Sein Onkel sei einer dieser getöteten Soldaten.
Ich schlucke.
Die Frau des Onkels, die Schwester seiner Mutter, sei noch sehr jung, ihr Kind noch sehr klein. Die gesamte Großfamilie sei in Aufruhr und Trauer.

Oh Wassim...
Nie mehr, nie mehr will ich dich anpflaumen.

2.

Ja, ich bin schon öfters versetzt worden von Flüchtlingen. Und ich vertrage das schlecht. Es ist eine der besten Methoden, mich auf die Palme zu bringen. Bin ich denn so unwichtig?! Nimmt man meine Bemühungen denn so wenig ernst?!

Mühsam, Schritt für Schritt, lerne ich verstehen, was es tatsächlich bedeutet, wenn die Jungs nicht auf der Matte stehen:

- *Ramin, warum antwortest du nicht auf meine WhatsApp?!*
Weil es die gebotene höfliche orientalische Art ist, Nein zu sagen.

- Nasib steht eine Weile vor dem Gartentor, traut sich nicht bis zur Haustür und weiß sowieso nicht, dass man an einem deutschen Privathaus klingeln muss. Bei den Ämtern, die er kennt, muss man nicht klingeln, und in einem Privathaus war er noch nie. Weil es nicht klingelt, sitze ich frustriert drinnen, während er unverrichteter Dinge wieder nach Hause trottet.

- Im Workshop für interkulturelle Kompetenz erklärt man uns: Wenn Ali einen Arzttermin hat und sich auf den Weg macht und er trifft unterwegs einen Bekannten, dann muss er stehen bleiben und mindestens eine Viertelstunde mit ihm plaudern, alles andere wäre grob unhöflich und würde ihm höchst übel genommen. Der Arzt dagegen ist nur ein Fremder, der kann warten. Und genauso macht es Ali mit mir.

- Sami schwänzt den Deutschkurs, den ich ihm bezuschusst habe. Schließlich verrät er mir den Grund: Er wird von seinem Heimatland aus erpresst. Der Vater ist seit Tagen verschwunden. *Wenn du nicht zahlst, bringen wir deinen Vater um.* Also sucht Sami sich eine Arbeit auf dem Schwarzmarkt und lässt den Deutschkurs Deutschkurs sein. Nachdem er die verlangte Summe eingelöst hat, lernt er im nächsten Kurs weiter.

Mühsam, Schritt für Schritt, lerne ich Vieräugigkeit, Abstand und Demut. Wer sind wir, dass wir uns beklagen.

Erklär mir Deutschland

Bei Jamal im Flüchtlingswohnheim. In seinem Zimmer ist es ziemlich kühl.
Warum ist es so kalt bei euch?
Heizung kaputt.
Ich gucke mir den Heizkörper an. Das Zimmer ist eng, das Bett des Zimmergenossen steht mit dem Kopfende direkt vor der Heizung, das Kopfkissen ist halb über den Thermostat gefallen. Ich schiebe meine Hand unter das Kissen: Es ist von unten her schön warm.

Wie erkläre ich jemandem, der kaum Deutsch kann, was ein Thermostat ist?
Wie erklärt man Deutschland???
Wie gehe ich um mit der maßlosen Überforderung dieser Jungs aus dem fernen Land?
An manchen Tagen erschlägt mich das und ich lasse die Flügel hängen. An manchen Tagen macht es mir Spaß, komplexe Dinge zu erklären mit sehr wenigen und sehr einfachen Worten. Es fordert heraus und macht den Geist wach.

Erdung

Bei einer Fahrradfahrt kommen wir am Friedhof vorbei.
Hast du eigentlich schon mal einen deutschen Friedhof gesehen?
Wir machen einen Abstecher und ich zeige Zaid das Grab meines Schwiegervaters.

Einige Zeit später spricht er mich wieder darauf an. Er müsse immer darüber nachdenken, warum die Deutschen sich so gern verbrennen lassen. Er fände Erdbestattung besser.
Kein Problem, in Deutschland kann man sich alles aussuchen, auch das.
Ob er auch auf diesem Friedhof begraben werde, wenn er in Deutschland bleibe?
Ja, Moslems auch.
Okay, sagt er, dann wolle er jetzt einen Grabplatz für sich kaufen.
Und, bei Gott, für dich auch!

Oh, das brauche ich jetzt noch nicht... Und für mich macht das dann meine Familie.
Ich bin platt. Das habe ich nun auch noch nie erlebt, dass mir jemand einen Grabplatz schenken will. Vermutlich eine der Aufgaben afghanischer Söhne.

Im Namen Gottes

Immer wieder fällt mir auf, wie viele afghanische Namen auf -ullah enden. Habibullah, Amanullah, Nasibullah, Abdullah... und wie sie alle heißen. -ullah ist der Genetiv von Allah. Solche Namen entsprechen also deutschen Vornamen wie Gottfried, Gottlieb, Traugott usw.

Heute bin ich bei Esmatullah. Vor zwei Jahren hatte ich einen Ordner angelegt für all seine amtlichen Papiere. Jetzt ist es an der Zeit, diesen Ordner aufzuräumen. Ich werfe viele Blätter raus, *das brauchst du nicht mehr, das kann ins Altpapier.*

Esmatullah stapelt die Blätter sorgfältig. Nein, das könne nicht ins Altpapier.
Wieso?
Da stehe ja überall in der Adresse oder auch im Brieftext sein Name drin.
Ja und?
Sein Name enthalte den Namen Gottes, und den könne man nicht einfach so in den Müll werfen.
Achso. Und was machst du dann damit?
Er müsse erst überall das -ullah in seinem Namen mit Kuli ausstreichen. Dann könne das schon in den Papiercontainer.
Machen das alle so?
Nein, nicht alle.
Heute hat Esmatullah dann noch viel zu tun.

Tolerant

1.

Mein Allah sagt: Ramadan machen. Dein Allah nicht sagt.
Rashid sieht da kein Problem.
Ich, sozialisiert im Geist der Aufklärung, frage natürlich nach: *Und warum sagt dein Allah das?*
Rashid: *Keine Ahnung. Allah hat gesagt.*
Punkt. Fertig.
Neben seinem strikt wortwörtlichen Kinderglauben erscheint es ihm aber offensichtlich durchaus erträglich, dass mein Allah in diesem und anderen Punkten eine andere Meinung hat.
Hier nicht Afghanistan, hier Deutschland. Keine Problem.
Wir sind so fremd für ihn, wir laufen außer Konkurrenz.

2.

Alimkhan fragt mich, ob ich mit ihm essen will. Ich bin verblüfft. Ich habe mich daran gewöhnt, dass während der Ramadan-Wochen mit den Jungs nicht viel anzufangen ist.

Achso, machst du keinen Ramadan?

Nein, Ramadan verrückt, befindet Alimkhan, und ich erfahre: Er sei zwar als Moslem geboren, aber er interessiere sich nicht weiter dafür.

Ob seine Mitbewohner auf dem Stockwerk ihm Schwierigkeiten machen, wenn er isst, während sie fasten, will ich wissen.

Oh ja, das machen sie. Aber Alimkhan ist Pragmatiker.

Meine Kumpel immer fragen: Warum du nicht fasten? Ich gesagt: Ich bin Christ.

Seither habe er seine Ruhe.

Himmel und Erde

Nasim will für uns kochen. Als Verstärkung bringt er Jamil mit. Jamil ist sehr groß und sehr dünn. Er könne nichts essen, wenn er Probleme habe.

Probleme hat Jamil viele. Deswegen war er ein paarmal bei einer Beratungsstelle, bis man ihn zum Psychiater weiterschickte. Der ihm jetzt Tabletten verschreibt, von denen wird er *ganz dumm*, aber alle sagen, er soll sie nehmen. Ohne die Tabletten kann Jamil nicht schlafen.

Schlafen können viele der Jungs nicht mehr gut, seit sie in Deutschland sind. Die Köpfe sind voll, die Ängste sind groß. Jamil schläft noch schlechter als die anderen.

Jamils Probleme begannen im Iran. Sein Vater war Mullah und schlug ihn, wenn er die arabischen Koranverse nicht richtig aussprach. Eine Übersetzung des Koran ins Persische sei verboten, das findet Jamil nicht richtig. Jamil ist ein Selberdenker. Nach zwei Jahren spricht er schon sehr gut Deutsch und im Sommer wird er seinen Hauptschulabschluss machen, obwohl er als afghanisches Flüchtlingskind im Iran nicht zur Schule gehen durfte.

Jamil ist zum Christentum konvertiert. Er diskutiere viel mit dem Pfarrer. Im Islam dürfe man nichts fragen und nichts in Frage stellen - und hier dürfe er nun alles fragen!
Manche Afghanen sagen zu ihm: *Wir sollten dich töten, weil du ein Verräter bist.*

Jamil sucht nach Logik und nach Gerechtigkeit. Unter anderem stört er sich daran, das den Moslemmännern im Paradies je 72 Jungfrauen versprochen sind, den Frauen dagegen jeweils nur je ein Mann. Zudem seien die versprochenen *72 Huri* nach irgendeiner Übersetzung eigentlich Männer, und die Moslems könnten

doch nicht alle schwul werden, wenn sie in den Himmel kommen...
Lang und dünn steht er am Waschbecken und schält die Möhren.
Sein schmaler Körper wirkt wie mehrfach geknickt.

Freund Nasim, klein und stämmig, setzt derweilen den Reis auf
und versucht den Diskurs zu verkürzen, indem er einwirft, Mohamed und Jesus seien doch schließlich Brüder. Derlei theologische
Debatten sind ihm deutlich wurscht.
Jamil zu viel denkt, lacht er, *besser essen, nix viel denken,* und
wendet sich den Hühnerschlegeln zu.

Eine fremde Frau

Ein Riss in Nuris Jeans. Zusammen bringen wir die Hose zu Frau Lapinski, die sowas reparieren kann.
Aber abholen kannst du sie allein, oder?
Ja, die Straße finde er wieder, kein Problem.
Ich habe meine Zweifel, aber er soll es gern probieren. Ich kann ja nicht überall die Mama spielen. Erziehungsziel Autonomie!

Nach einer Woche hat er die Hose noch immer nicht abgeholt.
Warum nicht, Nuri?!
Die übliche Antwort: *Morgen ich hole.*
Beim nächsten Treffen verliere ich die Geduld. Ich drücke ihm den Telefonhörer in die Hand: *Jetzt rufst du sie an und machst einen Termin.*
Da krümmt er sich, versteckt das Gesicht hinter den Händen und hört nicht auf zu kichern.
Nuri, wo ist das Problem?! Ich will nicht einsehen, dass da überhaupt eins ist.
Er sucht bei Google Übersetzer nach dem richtigen Wort, hält es mir hin: Scham.
Nur einmal gesehen..., setzt er hinzu, bemüht, dieser begriffsstutzigen Deutschen das Natürlichste von der Welt zu erklären: Man kann doch nicht einfach eine fremde Frau anrufen.

In seinem Land ist das verboten. Manche bringen sich um, wenn sie dabei erwischt werden. Manche werden von den Eltern verstoßen. Oder sofort verheiratet. Mal davon abgesehen, dass Frauen in diesem Land meist gar keine Handys haben, man sie also heimlich auf dem Handy ihrer Brüder anrufen muss, was das Risiko, dabei erwischt zu werden, massiv erhöht. Geschäfte mit fremden Frauen muss man in seinem Dorf nicht machen, denn Frauen machen in seinem Dorf keine Geschäfte, oder wenn, dann nur über den Sohn oder den Ehemann.

Komm, wir machen es so: Ich rufe sie an, sage Hallo, mache ein bisschen Blabla, und dann gebe ich dir das Telefon, okay?
Lernziel Autonomie... welch fernes schönes Ziel...

Besser, kichert er, und muss nochmal das Gesicht verstecken.
Dann wird er ganz mutig.
Guten Tag, wie geht es Ihnen. Ich bin Nuri, ich hole meine Hose, wann hast du Zeit?

Übersetzungshilfe

Immer wieder plädiere ich für Verständnis für meine Schützlinge - gegenüber Arbeitgeber*innen, Wohnungsvermieter*innen, Verwaltungsbeamt*innen, besserwissenden Freund*innen (*Viele wollen sich doch gar nicht integrieren...*) und bisweilen auch gegenüber anderen Flüchtlingshelfer*innen (*Die sind einfach zu unzuverlässig... Die müssen selber aktiv werden...*) Ich suche nach Vergleichen:

Guck mal, wenn ein Afghane mit einer fremden Frau telefoniert, wird er womöglich wegen Ehebruch gesteinigt. Und hier soll er die Sachbearbeiterin im Landratsamt anrufen. Der kann das einfach nicht, dem stockt das Blut in den Adern. Das geht ihm wider die Natur. Stell dir vor, du landest als Flüchtling in Afrika in einer Gegend, wo die Frauen oben ohne rumlaufen, und du sollst das jetzt auch tun. Das würde dir doch auch verdammt schwer fallen. Oder dich verschlägt's in den tiefsten Orient und du sollst als Frau lernen, den Mund zu halten, wenn Männer anwesend sind - das würde ich nie schaffen und du auch nicht!

In der Nacht träume ich, dass wir ins Theater gegangen sind. Und siehe da, ich habe nichts an. Nicht nur oben nicht, gar nichts. Ich versuche, in der Pause ganz normal und locker herumzulaufen. Es ist sehr, sehr, sehr unangenehm.

Frauenfrage

Dakhil hat in Damaskus Maschinenbau studiert. Ich frage ihn eines Tages, ob er schwimmen kann. Er verneint. Es habe durchaus Schwimmkurse gegeben an der Uni, aber nur für Jungs, da hätte er keine Lust gehabt, hinzugehen. Wozu schwimmen, wenn keine Mädels dabei sind...?

Qasem ist Bauernjunge aus einem afghanischen Dorf. Wir waren neulich an einem See spazieren, es war kühl, aber zwei junge Männer waren im Wasser. Qasem schaute ihnen fasziniert zu, seither möchte er zu gerne schwimmen lernen. Aber er kann nicht. Die Scham hindert ihn. Er hat gehört, im Schwimmbad seien jede Menge Frauen.

Ich erfahre: Die Schamzone eines afghanischen Dorfburschen beginnt an der Taille und reicht bis zu den Knien. Mir wird bewusst, wie weit geschnitten und lang bis übers Knie die Hemden der afghanischen Männer auf Fotos immer sind. Kurze Hosen oder kurze Ärmel gebe es nicht in seinem Land, bestätigt mir Qasem. Nie nie nie habe er irgendetwas vom Körper seines Vaters gesehen, nur Kopf, Hände und Füße, nichts anderes.

Eine Bekannte schenkt Qasem eine Badehose. Er braucht noch einige Monate Anlauf, bis er sich mit uns ins Schwimmbad wagt.

Ankommen

1.

Mein Herz liebt Deutschland, sagt Nasir, und er habe in Deutschland viel Neues gelernt.
Was denn?
Termine machen, sagt er stolz, *und pünktlich sein.*
Er überlegt.
Und dass Männer und Frauen miteinander sprechen.

2.

Adnan steht auf, ich setze mich auf die Bank neben seine Frau, mit der ich plaudern möchte. Als Adnan zurückkommt, wirkt er verunsichert, ob er wieder auf seinen Platz darf. Ich rücke beiseite, lache ihm zu und winke ihm, sich zu setzen, *zwischen 2 Frauen, das hattest du im Iran wahrscheinlich nicht so oft...?*

Es habe Mullahs gegeben, sagt Adnan, die hätten gesagt, ein Mann dürfe sich nicht einmal auf einen Stuhl setzen, auf dem zuvor eine fremde Frau gesessen habe. Dabei streicht er langsam mit der Hand über das Sitzpolster. Dann nimmt er zwischen uns Platz.

Ich heiraten deutsche Frau

Deutschland sehr gut! Ich heiraten deutsche Frau, hatte Sidiq im Jahr 2015 mit Entschiedenheit verkündet. Naja, da bin ich mal gespannt, wie das gehen wird, hatte ich damals gedacht, war aber durchaus erfreut gewesen über so viel Integrationswillen.

Jetzt, drei Jahre später, hört sich Sidiq ganz anders an.
Deutschland sehr schwer für mich…
Und: *Deutsche Frau… ich viel Angst habe.*

Warum Angst, Sidiq?
Inzwischen hat er erfahren, dass deutsche Frauen sich von ihren Männern scheiden lassen können.
Gefällt mir nicht!
In seinem Heimatland habe man ein besseres Konzept für die Ehe:
Ein Mann, eine Frau, fertig. Immer zusammen bleiben.
Ja, Sidiq, in unserem Land verlierst du all deine Selbstverständlichkeiten, auch die letzte große Sicherheit, die es in deinem Land noch gibt: die Unhinterfragbarkeit der Familie.

Sidiq ist sehr vorsichtig. Zwei junge Frauen haben sich bislang für ihn interessiert, eine deutsche Kollegin und eine junge Serbin, die ihn im Internet anstupste. Beide hat er abgewiesen. Ein Kumpel aus dem Flüchtlingsheim hatte eine Liebesgeschichte mit einer Praktikantin, da konnte er zuschauen, wie so etwas in Deutschland läuft: Die junge Frau trennte sich bald wieder und der Kumpel war am Boden zerstört. Sowas möchte Sidiq lieber nicht erleben.
Ich nicht Vertrauen habe mit deutsche Frau.

Sidiq findet, dass er noch Zeit hat. In Afghanistan heiraten viele Männer relativ spät, etwa ab Ende zwanzig. Ein Grund dafür ist der Brautpreis, den die Familie des Bräutigams der Familie der Braut zahlt. Der ist nicht selten mehrere Jahreseinkommen hoch. Dies ist auch ein Grund, warum Familien häufig zuerst ihre noch minderjährigen Mädchen verheiraten: Sie müssen erst einmal genügend per Brautpreis einnehmen, um dann dem Sohn die Heirat finanzieren zu können. Während das Heiratsalter der Mädchen sinkt, steigt im Gegenzug das der Männer.

In Afghanistan ist das Brautgeld für den Bräutigam eine relativ sichere Investition, da für Frauen jegliche Alternative zur Ehe fehlt. Dagegen laufen nun hier in Deutschland inzwischen auch afghanische Frauen ihren Männern davon. Sidiq kennt bereits einige solcher Fälle. Ein Kumpel von ihm habe neulich eine ganze Woche lang im Auto übernachten müssen, weil seine Frau ihn rausgeschmissen habe. In Sidiqs Stimme schwingt vollstes Mitgefühl für diesen armen Mann. Okay, jetzt gilt's wohl, das Mitgefühl für die andere Seite zu wecken.
Was denkst du, Sidiq, warum wollen die Frauen ihre Männer nicht mehr?
Vielleicht schlagen...? überlegt Sidiq.
Er war es gewohnt, geschlagen zu werden, vom Vater, von der Mutter, vom Mullah in der Koranschule. Aber dass eine Frau deswegen von ihrem Mann weg will, das kann er gut verstehen. Und dass in Deutschland niemand einen andern Menschen schlagen darf, das findet er gut.

Wir überlegen gemeinsam, was es sonst noch an guten Gründen geben mag. Zum Beispiel wenn der Mann nicht viel mit der Frau spricht. Vor allem wenn Mann und Frau sich einmal gestritten haben, *dann sollten sie miteinander sprechen, Sidiq. Was brauche ich. Was brauchst du. Bis sie verstehen. Bis es wieder gut ist.*

Miteinander sprechen, das hat Sidiq kennen gelernt, seit er in Deutschland ist, denn wir hatten im Laufe der Zeit durchaus schon einige Auseinandersetzungen miteinander.
Ja, sprechen ist sehr gut! sagt er mit Inbrunst.

Ich bin verblüfft, denn ich weiß, wie ungewohnt und anstrengend solche konfliktklärenden Gespräche für ihn sind. Da ist also offenbar etwas angekommen bei ihm, im Herzen und im Kopf. Ich bin gespannt, wie es weiter geht.

Ohne ein Wort

Yaqup hat eine Arbeit als ungelernter Arbeiter gefunden. Yaqup
blüht auf.

Nach 2 Monaten schickt mir Yaqup ein WhatsAppFoto von einem
Brief: *Wir kündigen Ihnen fristgerecht…*

Warum, Yaqup?!?
Keine Ahnung. Vielleicht nicht viel Arbeit.
Was hat der Chef gesagt?
Chef nichts hat gesagt.
Und du, hast du ihn nicht gefragt?!
Nein, nicht habe gefragt.
In Deutschland darfst du fragen, Yaqup!
Wallah, wie oft habe ich den Jungs schon gesagt, dass sie den
Mund aufmachen sollen!

Aber den Chef verstehe ich noch viel weniger.

Doppelgänger

1.

Rafi möchte für uns afghanisches Essen kochen.
Prima, Rafi, danke. Nein, nicht morgen.
Wir machen einen Termin aus. Rafi wird einkaufen, und wir kochen
dann zusammen in unserer Küche.

Zum vereinbarten Termin steht Rafi mit Omar vor der Tür.
Achso...? Omar kennen wir noch gar nicht.

Na gut, nett, dann essen wir eben zu viert. Die Mengen, die Rafi
und Omar kochen, hätten sowieso für zehn gereicht.

2.

Ich muss etwas mit Abbas besprechen.
Kommst du geschwind vorbei? Ich koche gerade, du kannst mit mir essen.
Er kommt und bringt Bijan mit. Na gut, ich habe zwar nicht so arg viel im Topf, aber es wird schon reichen.

Bijan isst wie ein Spatz, nein, eigentlich habe er keinen Hunger, er habe vorhin schon gegessen. Nach dem Essen verabschiedet er sich rasch, er habe noch zu tun.

Sag mal Abbas, was war das? Wieso ist Bijan mitgekommen?
Abbas grinst verlegen.
Wegen mir.
Achso. Ein Afghane kommt selten allein.

3.

Elham will im Chor mitsingen. Ich schreibe ihm auf, wann und wo wir uns treffen. Bestimmt bringt er irgendwelche Freunde mit, das ist gut, wir können noch Männerstimmen brauchen.
Aber dann kommt er nicht.
Ich habe nicht gefunden.
Er stand vor der falschen Kirche. Typisch Afghane, seufze ich innerlich.
Wie viele wart ihr denn, Elham?
Ich komme allein.
Ach was!
Mensch Elham, du wirst langsam deutsch.

Abgründe

Deutschnachhilfe mit Zabi und Ghulam. Diese Woche haben sie im Kurs die Verwandtschaftsbezeichnungen gelernt, okay, üben wir das also noch einmal: A*li ist der Neffe von Ahmad, Zeynab ist die Großmutter von Leila*...

Immer schön anschaulich und lebensnah soll meine Pädagogik sein, also skizziere ich einen Stammbaum von Zabis Familie auf ein Blatt.
Wie heißt dein Bruder?
Mein Bruder heißt Khalid. Er ist tot. Taliban töten.
Und deine Tante?
Sabrina.
Dein Onkel?
Mortezar. Er auch tot. Auch Taliban töten.

Ghulam schaltet sich ein. *Meine Mutter auch tot. Zweimal in Krankenhaus, dann tot.*

Nichts ist harmlos in eurer Welt.

Okay, dann nehmen wir jetzt mal meine Familie: Fritz ist der Mann von Gerda, Katharina ist meine Großmutter...
Als ich beim Skizzieren auf die Selbstmörder*innen in meiner Familie stoße - in jeder Generation ein bis zwei - stutze ich. Und zeichne weiter. Auf dem Papier sieht es aus, wie wenn sie noch lebten.

Papier

Die Anhörung im Asylverfahren: der entscheidende Moment, wo wildfremde Menschen über dein Schicksal entscheiden. Du fährst an einen fremden Ort, du wartest viele Stunden, bis du dran bist, du kommst in ein fremdes Zimmer, du sprichst mit fremden Menschen. Du, ein Bauernjunge aus dem Hindukusch, der bis zu seiner Flucht so gut wie nie aus seinem Tal herausgekommen ist. Ein paar wenige Male warst du in der Stadt, die ist viele staubige Busstunden weit entfernt, aber da warst du natürlich nicht allein, sondern gemeinsam mit zwei drei vier Verwandten, mit Erwachsenen, die dir seit deiner Geburt vertraut waren, die dich an der Hand nahmen als Kind. Ja, du bist viele tausend Kilometer weit gereist, *allein?* wie die Deutschen dich fragen, aber natürlich warst du nicht allein, denn da waren viele aus deinem Land, ein ganzer Strom von Menschen, die deine Sprache sprachen.

Jetzt sitzt du in diesem Zimmer und der fremde Mann fragt dich etwas in der fremden Sprache, die du noch immer nicht gut verstehst, weil du als Afghane kaum Zugang zu Deutschkursen hast.

Der Übersetzer, der alles in deine Sprache übersetzen soll, kommt nicht aus deinem Land, sondern aus dem Nachbarland Iran, wo man zwar sprachwissenschaftlich gesehen dieselbe Sprache spricht, aber das ist anscheinend trotzdem so, wie wenn ein Ostfriese sich mit einem Bayern im Dialekt unterhalten soll. Wohlmeinende Flüchtlingshelfer haben dir vorher gesagt, dass du einen anderen Dolmetscher verlangen kannst, wenn du diesen nicht gut verstehst. Aber zwanzig Jahre lang haben dir deine Eltern und Großeltern und Onkels und Tanten gesagt, dass man Menschen, die älter sind als man selbst, nicht widerspricht. Und in der Großfamilie, die auf Leben und Tod aufeinander angewiesen ist im kargen Hindukuschtal, hast du es mit der Muttermilch aufgesogen, dass man einander nicht kritisiert. Nein, man schweigt, wenn etwas nicht passt, und dann Schwamm drüber. Irgendwie muss es passen in so einem Hindukuschtal. Irgendwie wird es schon passen mit diesem fremden Dolmetscher, und dass du nach deutschem Asylrecht das Recht hättest, ihn abzulehnen und einen anderen zu verlangen, das hast du in deiner Aufregung sowieso längst vergessen.

Der große dicke Mann fragt, der Dolmetscher antwortet, der dicke Mann schaut in seinen Computer und schreibt.

Deine Hände zittern, du verbirgst sie, du versuchst zu verstehen, du antwortest wie man es von dir verlangt. Dein Herz klopft, du hast Angst, große Angst. Du weißt, dass diese Menschen über dein Leben entscheiden werden. Dieser große dicke Mann vor dir, der dich unfreundlich anschaut. Du antwortest. Du willst es gut machen.

Am Ende hast du dann doch einiges falsch verstanden, oder der Dolmetscher hat dich falsch verstanden, oder der dicke Mann hat den Dolmetscher falsch verstanden, jedenfalls denkt deine deutsche Begleiterin, dass jetzt etwas falsch aufgeschrieben wurde, und sie sagt etwas zu dem dicken Mann, das du nur halb verstehst, aber du bist froh, dass sie etwas sagt, denn sie ist die einzige, die du hier kennst und die dich kennt. Aber der dicke Mann ist nicht freundlich zu ihr, das verstehst du, auch wenn du nicht verstehst, was er zu ihr sagt. Und der dicke Mann schüttelt den Kopf. Und du denkst: *Allah…*

Am nächsten Tag sagt deine deutsche Begleiterin, dass sie etwas geschrieben hat für dich. Sie sagt, dass der große dicke Mann seine Arbeit nicht gut gemacht hat, und sie hat alles aufgeschrieben, was er falsch gemacht hat.

Und dann musst du wieder warten. Warten, bis das Papier kommt, das der große dicke Mann an seinem Computer geschrieben hat. Du bist es gewohnt, zu warten.

Deine deutsche Begleiterin zeigt dir ihr Papier, viele Seiten hat sie geschrieben, die du nicht verstehst. Papier, Papier, Papier... Papier, das über dein Leben entscheiden soll. Wenigstens entscheidet dann vielleicht nicht der große dicke Mann allein.

Heldenmut

Mein Schützling macht ein Praktikum nach dem anderen, er lernt Deutsch wie verrückt, er findet sogar eine Lehrstelle - und dann schreibt das Ausländeramt: *Wir beabsichtigen, Ihren Antrag auf Ausbildungserlaubnis abzulehnen.*
Mir geht der Hut hoch.

Na wartet, ich werde kämpfen! Wie die berühmte Löwin für ihre Jungen! Ich werde hingehen zu diesem Amt, ich werde mich dem Amtsleiter auf den Schoß setzen und ich werde nicht fortgehen, bis er zugestimmt hat!

Ich nehme die Jacke und radle zum Rathaus. Aber der Amtsleiter hat Glück, er ist mir entkommen, er hat einen Termin außer Haus.

Ich hinterlasse einen Zettel mit der dringenden Bitte um einen Termin. Ich maile dem Rechtsanwalt. Ich telefoniere mit einer mir bekannten Journalistin. Ich diskutiere heftig in Gedanken, und ich habe ganz entschieden die besseren Argumente. Ich bin stark, ich bin klug, ich kann reden, und ich werde ihnen zeigen, wo der Bartel den Most holt! Ich werde dem Amtsleiter eine Chance geben, sich zur Vernunft zu bekehren, bevor ich den Rechtsanwalt losschicke. Wir schaffen das!

Früh am nächsten Morgen ruft mich der Amtsleiter an. Er beschwichtigt, er bittet um Verständnis, jeder Fall sei anders, man müsse prüfen...
Na klar, wir sollen wieder warten.
Also prüfen Sie!
Dann klingt er beinahe nach Einlenken. Oder nur ein Spiel auf Zeit?
Okay, wir warten...
Aber nicht mehr lange!

Im Laufe des Tages sackt mir allmählich die Laune in den Keller. Ich hätte lieber sofort den Drachen getötet.

Stattdessen erkläre ich meinem Schützling, warum wir schon wieder warten müssen.

Weißt du, in Deutschland kämpfen wir nicht mit der Kalaschnikow wie bei euch, wir kämpfen mit Blabla und mit Papier.

Das besser! nickt mein Schützling.

Das IST besser, korrigiere ich.

Allah, wie oft habe ich ihm schon gesagt, dass ein deutscher Satz ein Prädikat braucht!

Aber wir schaffen auch das noch.

Angst

Mokhtar hat Schwierigkeiten im Asylverfahren: das BAMF (Bundesamt für Migration und Flüchtlinge) will ihm keinen Glauben schenken. Sein Onkel und er haben für die US-Armee gearbeitet, dafür haben die Taliban den Onkel umgebracht, Mokhtar konnte entkommen. Das BAMF möchte das lieber für *unwahrscheinlich* halten.

Der Rechtsanwalt rät, Zeugenaussagen aus Afghanistan zu besorgen. Mokhtar telefoniert mit seinem Bruder. Der geht zum Imam des Dorfes, der damals den Onkel beerdigt hat, und bittet ihn, einen Brief zu schreiben.

Wiederholt weist der Imam Mokhtars Bruder ab. Denn der Imam hat Angst.

Endlich fasst er sich ein Herz. Er bittet Mokhtars Bruder, den Zugang zum Haus im Auge zu behalten, während er schreibt: Dass der Onkel geschlachtet wurde wie ein Tier und dass er, der Imam, an seinem Grab das Gebet gesprochen habe. Stempel, Unterschrift und Fingerabdruck. Mokhtars Bruder schickt ein Handy-Foto des Briefes nach Deutschland. Den Brief versteckt er unter seiner Matratze. Es gibt kein Postamt im Dorf, der nächste Postschalter ist weit entfernt in der Stadt. Der Rechtsanwalt hätte lieber das Original. Das sei nicht so einfach, lässt Mokhtars Bruder ausrichten.

Einige Zeit darauf kommen Polizisten ins Dorf. Sie gehen in das Haus des Iman, er trinkt mit ihnen Tee.

Am folgenden Tag knattert ein Trupp Taliban auf Motorrädern lautstark durch den Ort. Sie stürmen ins Haus des Imam. Sie binden ihm die Hände auf dem Rücken zusammen. Sie sagen: *Warum trinkst du Tee mit den Polizisten?*

Sie verbinden ihm die Augen.

Einer zieht ein langes Messer.

Dann habe der Anführer gesagt, dass man ihn heute doch noch nicht töten werde, erzählt Mokhtars Bruder am Telefon.

Am nächsten Tag habe der Imam an seine Tür geklopft. Wo der Brief sei, habe er wissen wollen, und dass er ihn verbrennen möchte. Den Brief habe er nach Deutschland geschickt, hat Mokhtars Bruder gelogen. Der Imam sei sehr erleichtert gewesen.

Und was sagt die Polizei dazu? *Die Polizei hat viel Angst vor den Taliban.* Mokhtar macht eine große Bewegung mit der Hand. Und überdies gebe es viele, die seien am Tag Polizist und in der Nacht Taliban.

Der Rechtsanwalt in Deutschland wartet auf den Brief. Der Brief liegt unter der Matratze. Mokhtars Bruder erwägt, den Brief unter seiner Kleidung zu verstecken und in die Stadt zu fahren. Allerdings machen die Taliban häufig Straßensperren und kontrollieren die Passanten...

Beim Einschlafen denke ich an den ermordeten Onkel, an den Imam und das lange Messer, an den Brief unter der Matratze und an die Straßensperren. Ich schlafe schlecht in dieser Nacht.

Herzblut

Wenn ich ab und zu Reza eine WhatsApp schicke, schaue ich immer, welches neue WhatsApp-Foto er jetzt wieder hat. Eine Zeitlang waren es wechselnde Fotos von seiner deutschen Freundin. Dann folgten aus dem Internet kopierte Bilder von blutenden Herzen. Ab und zu ein Foto von afghanischen Leichen. Oder eine afghanische Nationalfahne vor dem Hintergrund düsterer Wolken. Und manchmal sind es Fotos von seinem Unterarm: Reza verbrennt sich ab und zu mit Zigaretten. Dann sage ich seiner Sozialarbeiterin Bescheid oder frage ihn, ob er nochmal mit mir zur Beratungsstelle gehen möchte.

Heute ist es ein blutüberströmter Mann mit einem Dolch in der Brust.

Am Nachmittag treffe ich seinen Zimmernachbarn. Ich spreche ihn darauf an: *Hast du Rezas neues WhatsApp-Foto gesehen?* und sage, dass ich mir Sorgen mache.
Er zuckt mit den Achseln.
Weißt du, so sind wir alle. Wir zeigen es nicht. Er zeigt es.

Wirtschaftsflüchtlinge

Komm mit, sagte der Esel zum Hahn, *etwas Besseres als den Tod findest du überall.* Kaum einer der jungen Männer, die ich begleite, wäre heute in seinem Herkunftsland noch am Leben.

Zubair und sein Bruder waren als Polizisten häufig in Kämpfe mit den Taliban verwickelt. Wenn die Brüder ihre Angehörigen im Heimatdorf besuchten, drohten ihnen die talibanfreundlichen Nachbarn: *Entweder ihr gebt euren Job auf oder ihr seid bald tot.* Als sein Bruder entführt und getötet wurde, verließ Zubair sein Land.

Ebrahim studierte Maschinenbau. An der Universität verliebte er sich in Amira. Ein Cousin sah die junge Frau unverschleiert bei Ebrahim im Auto sitzen. Er meldete das Paar der iranischen Sitten-polizei. Ebrahims Vater, ein hoher Militär, erwirkte daraufhin einen Einberufungsbefehl, damit der Sohn an der syrischen Front zur Vernunft kommen möge. Amiras Familie schickte derweilen Mord-drohungen. Ebrahim und Amira bereiteten die Flucht vor. Das Geld für falsche Papiere und Tickets steckte ihnen Ebrahims Mutter heimlich zu. Aber zum ausgemachten Zeitpunkt erschien Amira nicht am Flughafen. Ihre Familie hatte sie nicht aus dem Haus gehen lassen. Ebrahim kam allein.

Rafik ist Syrer, seine Geschichte ist schnell erzählt: Er wollte nicht zur Armee, wollte nicht für Assad kämpfen. So ist er jetzt, wie viele seiner Altersgenossen, hier.

Nein, nicht alle, die jetzt hier sind, hatten politische Probleme. Hashmatullah kam nach Deutschland, weil er wusste, dass er krank war. Man sah es ihm nicht an, aber er spürte es. In Deutsch-land sollte es gute Ärzte geben, da wollte er hin. Als sein Freund floh, ging er mit. Unterwegs ging es ihm immer schlechter. Die grünen Grenzen überquerte er auf dem Rücken des Freundes. Inzwischen hat ein deutsches Krankenhaus die Diagnose gestellt: unheilbar. Wenn es soweit ist, dass er nicht mehr gehen kann, wird er in Deutschland immerhin einen Rollstuhl bekommen.

Yussufs Vater hatte 300 Schafe. Yussufs Onkel war ein einflussreicher Mann auf dem Kamelmarkt. Schon früh hatten die beiden Brüder vereinbart, dass ihre Kinder einander heiraten sollten. So eine Verbindung gilt als vorteilhaft, da das Vermögen in der Familie bleibt. Yussuf aber wollte seine Cousine nicht heiraten. Damit hatte er beide Familien gegen sich. Ohne Familie aber ist in Afghanistan niemand lebensfähig. Yussuf floh.

Mamadou aus Gambia wollte gar nicht fort aus seinem Dorf. Aber die Not im Dorf war groß und der Clan beschloss, dass er gehen solle, um ein Retter in der Not zu werden, denn Mamadou war jung und stark. Mamadou fügte sich. Der Clan legte die letzten Reserven zusammen, um die Schlepper zu bezahlen. Jetzt sitzt Mamadou in Ludwigsburg und bekommt keine Arbeitserlaubnis, weil er keine Papiere hat. Papiere hat niemand in seinem Dorf. Mamadou stirbt vor Heimweh. Und verzweifelt unter den Anrufen seiner Verwandten: *Die Kinder hungern, wann schickst du uns Geld?* Als Mamadou das alles nicht mehr aushält, springt er vom Dach der Flüchtlingsunterkunft.

Unter den vielen Gesichtern, die ich in der Flüchtlingsarbeit kennen lernte, war auch Tarek aus Tunesien. Ende 20, feingliederig, mit edel geschnittenen Gesichtszügen - irgendwie ein besonderer Mensch, dachte man, wenn man ihn sah.

Ich bin ein Wirtschaftsflüchtling, sagte er eines Tages zu mir. In Tunesien hatte er an der Küste im Hotel gearbeitet. Dass Nordafrikaner in Deutschland kaum eine Chance auf Aufenthaltserlaubnis haben, begriff er schnell. Er machte ein Praktikum in einem

Sterne-Hotel, dann ging er zurück. Von Tunesien aus schrieb er mir lange WhatsApps, halb französisch, halb deutsch. Sie waren so wirr, dass ich nur eines verstand: Da war auf dem langen Weg eine Seele verloren gegangen.

Geld für Schlepper zahlen wir nicht!

Meine alte Schulfreundin ist schon seit Jahrzehnten in der Flücht-lingshilfe aktiv. Wir telefonieren ungefähr zwei mal im Jahr mit-einander, meist um unsere Geburtstage herum. Dieses Jahr erzäh-len wir uns von *unseren Flüchtlingen* und verstehen uns bestens. Wir entdecken neue Parallelen in unseren Leben. Zum Beispiel haben wir inzwischen beide ein Smartphone und whatsäppen wie die Weltmeisterinnen, denn *ohne das kannst du ja gar nicht mehr Flüchtlingsarbeit machen.*

Sie habe neulich per WhatsApp mit Syrien telefoniert. Familien-zusammenführung sei derzeit ein großes Thema bei ihnen. Ein Syrer habe *seine drei Jahre bekommen* und dürfe jetzt eigentlich seine Frau mit den Kindern nach Deutschland nachkommen las-sen. Aber da die deutsche Botschaft in Damaskus geschlossen wurde, kann die Familie das notwendige Visum erst in Istanbul beantragen. Und wie kommt eine ausgebombte Familie in die Türkei? Sie habe per WhatsApp Fotos erhalten: wie Frau und Kinder in Richtung türkische Grenze wandern.

Und dann der Anruf: dass das Geld für die Schlepper nicht reiche. *Irgendwie mussten sie ja jetzt weiter kommen…*

Geld für Schlepper zahlen wir nicht! haben wir immer gesagt. Aber ohne so einen *leader* würde die Familie niemals über die Grenze gelangen. Da habe sie dann eben doch eine Rundmail gestartet und tatsächlich seien flugs 2000,- Euro zusammen-gekommen und jetzt sei die Familie in Richtung Istanbul unter-wegs.
Wir kennen ihn doch! Er will sie doch herbringen, und er darf das offiziell ja auch! Aber dass wir jetzt Schlepper unterstützen müssen…

Grenzgänge

Als Beraterin treffe ich mich regelmäßig mit Kolleg*innen zum fachlichen Austausch. Eine Paartherapeutin berichtet, wie das Flüchtlingsthema nach und nach in ihrer Beratungsarbeit aufgetaucht ist:

Ein Ehemann, frisch in Rente, beklagt sich über Vernachlässigung, weil seine Frau *nur noch Augen und Ohren für ihre Flüchtlinge* hat. Ein schwules Paar kommt zur Beratung, weil die Affäre mit dem jungen Eritreer den Partner mehr irritiert als die Seitensprünge, die man sich bisher gegenseitig zugestanden hatte. Ein Deutschlehrer bittet um Krisenberatung, weil er sich von seiner Frau trennen und mit seiner iranischen Nachhilfeschülerin zusammenleben möchte.

Ich selbst berate als Supervisorin unter anderem Sozialarbeiter*innen und Pädagog*innen, und so begegnet mir das Thema Flüchtlinge natürlich auch dort. Ich erinnere mich noch gut, wie es zum ersten Mal in der Supervision auftauchte - ich war damals noch nicht in die ehrenamtliche Arbeit eingestiegen und kannte es bis dato nur aus der Presse.

Da war ein Schüler in der Deutschklasse mitten im Unterricht aufgestanden und hatte den Raum verlassen. In der Pause kam er zurück und erklärte der Lehrerin, warum er gegangen war. Sein Handy hatte vibriert, er hatte draufgeschaut, und da war ein Video erschienen, direkt aus dem Irak, wo er die Leichname seines Onkels und seiner zwei Cousinen sah, die am Morgen vom IS getötet worden waren.
Was heißt es, mit so einer Situation adäquat umzugehen? Das waren Fragen, auf die weder die Unterrichtenden noch ich als Beraterin vorbereitet waren.

Der Fächer der neuen Fragen ist weit gespannt. Eine Sozialarbeiterin berichtet in der Gruppensupervision, wie ein somalischer

Bauer sie fragt, wie er in Deutschland eine Freundin finden könne. *Freundin ist besser als Puff,* sagt er vertrauensvoll zu ihr. Was antwortet man da? Und sollte man solche Fälle besser den männlichen Kollegen überlassen - oder gerade nicht?

Eine ehrenamtliche Flüchtlingshelferin bittet mich um eine Einzelstunde. Sie ist eine gestandene Frau in der Lebensmitte. Sie erzählt, wie ein junger Kurde, gerade 18 Jahre alt und allein in Deutschland, ihr ans Herz gewachsen ist. Wie sie ihm manchmal mütterlich den Arm um die Schulter legte, und wie es geschah, dass sie eines Tages Sex mit ihm hatte. Wie sie es schildert, ist es anrührend und nachvollziehbar, gleichzeitig hochkompliziert für alle Beteiligten. Wir machen weit mehr als eine Einzelstunde, und so kann sie die Begleitung ihres Schützlings, sorgfältig geklärt, weiterführen.

Die Grenzen Europas sind durchlässig geworden, und immer wieder sind wir auf vielerlei Ebenen gefordert, Grenzgänge auszubalancieren und Grenzen neu auszuloten. Sie müssen immer wieder neu bestimmt werden: die Grenzen des Erträglichen, die Grenzen der Moral und der Toleranz, die Grenzen des Sagbaren und des Machbaren, die Grenzen des Vertrauens, die Grenzen des Verstehens.

Wenn nichts mehr geht

Ich treffe Fahim am Bahnhof. Heute Morgen habe ich bei meiner Bank 1000,- Euro für ihn abgehoben. Seine Mutter liegt im Krankenhaus in Kabul, halbseitig gelähmt. Wer im Krankenhaus ist, braucht Geld. Fahim wird es mir in Raten zurückzahlen, er hat einen Job, und ich vertraue ihm. Nun hat Fahim neulich seinen Geldbeutel mit allen Papieren verloren, den neuen Ausweis bekommt er erst in zwei Wochen, und ohne Ausweis kann er seiner Mutter kein Geld überweisen. Also nehme ich meinen Ausweis und begleite ihn.

Das Geldüberweisungsbüro liegt gleich hinterm Bahnhof. Es ist winzig und voll. Neben zwei fantasievoll bezopften üppigen afrikanischen Damen in großgemusterten Baumwollstoffen warten drei zottelköpfige spindeldünne eritreische Jungs in engen zerrupften Jeans. Hinter ihnen eine blond gefärbte Dame mittleren Alters im roten Kleid. Polen? Russland? Ukraine? Dann eine arabische Mutter mit schwarzem Kopftuch und buntem Kleinkind. Hinterm Tresen ein freundlicher Türke in korrektem hellblauem Oberhemd. Während ich die Farben der Welt im Miniaturkosmos des Überweisungsbüros auf mich wirken lasse, sucht mein afghanischer Begleiter im Handy nach der Nummer des Freundes, dem ich das Geld schicken soll, weil der Vater zu alt ist, um es in Kabul selbst am Schalter abzuholen.

Jetzt sind wir dran. Ich zücke meinen Ausweis.
Überweisung nach Afghanistan geht nicht mehr, sagt der freundliche Türke. *Schon seit zwei Wochen nicht mehr. Sehen Sie, da ist Krieg. Syrien auch nicht. Da geht grad nichts mehr.*

Ich bin platt. Dass es Menschen gibt, die kein Bankkonto haben, und dass man deshalb mit Bargeld zu solchen Büros gehen muss, um das Geld ins ferne Land zu überweisen, wo es dann wiederum bar vom Schalter abgeholt wird, daran habe ich mich gewöhnt.

Aber dass es Länder gibt, in die man gar keine Überweisung tätigen kann, das sprengt wieder einmal meinen deutschen Horizont. *Ja und jetzt?* Ich schaue ihn ratlos an.

Er zuckt die Achseln. *Vielleicht in Stuttgart. Oder Sie gucken im Internet...*

Draußen vor der Tür händige ich Fahim den Umschlag mit den Scheinen aus. Denn Fahim hat einen Freund, und der hat einen Freund... und einer von den Freunden der Freunde wird einen Weg wissen. Denn es muss immer einen Weg geben, auch da, wo gar nichts mehr geht.

Was immer geht, ist *Hawala*. Staunend lerne ich ein neues Wort: es bezeichnet ein traditionelles islamisches Geldüberweisungssystem, das ohne Banken, ohne Schriftverkehr und ohne realen Geldfluss auskommt. Ein System, das auf Vertrauen beruht. Wo es keine funktionierenden öffentlichen Strukturen mehr gibt, gibt es immer noch zwischenmenschliche Strukturen. Fahim übergibt das Geld einem *Hawaladar* in Deutschland. Der telefoniert mit seinem Partner in Kabul. Dieser zahlt in Kabul das Geld auf Glauben und Vertrauen an Fahims Familie aus. Die beiden *Hawaladari* verrechnen ihre Einnahmen miteinander und behalten eine kleine Gebühr für sich ein.

Ich als gute Deutsche habe natürlich einen schriftlichen Kreditvertrag aufgesetzt, habe Fahim unterschreiben lassen und das Ganze dann ordentlich abgeheftet. Aber siehe da, es geht doch immer auch anders.

Parallelwelten

Wenn zwei das Gleiche tun, ist es noch lange nicht dasselbe. Das war einer dieser Sprüche meines Vaters, über die ich mich manchmal ärgerte, weil er ihn besonders dann benutzte, wenn er mir seine väterliche Autorität verdeutlichen wollte. Aber wo er recht hat, hat er recht.

Als Tanzpädagogin, die sich mit traditionellen Tänzen verschiedenster Länder beschäftigt, bin ich schon seit Jahrzehnten eine Wanderin zwischen den Welten. Auf meinen Reisen - in die Bretagne, auf den Balkan, in den Kaukasus oder sonstwohin - sammle ich wundersame Tanzerlebnisse und bringe sie mit nach Hause. Und dann tanzen wir selbiges in Ludwigsburg. Doch *wenn zwei das Gleiche tun...* Wieder und wieder stolpere ich auch beim Tanzen über kulturelle Grenzen.

Beglückt vom Schwoof auf dem rumänischen Dorfplatz kehre ich heim und möchte den Ludwigsburger Marktplatz betanzen. Aber siehe da, die Hälfte meiner Tänzer*innen hat just an diesem Abend *keine Zeit.* Besonders Tapfere gestehen mir, dass sie sich *auch auf andere Art lächerlich machen* könnten.

Ich finde dennoch nichts schöner als schwitzende strahlende Gesichter im wippenden Tanzkreis. Angetörnt vom türkischen Festival vermittle ich im Tanzkurs den Schwarzmeer-Horón - doch bis dabei das innere Strahlen den deutschen Ernst durchbricht, kann es etwas dauern. Naja, ich habe Geduld. Es ist schließlich *nicht dasselbe.*

Der Kreistanz stammt aus dem Dorf, kommt aus uralter Zeit, aus vormoderner Lebensart. Ich aber versuche, den archaischen Tanz in die Metropole zu tragen. Dort, wo er herkommt, war der Tanz Ausdruck bestehender Gemeinschaft - hier kann er, wenn es gut geht, für einen kleinen Moment Gemeinschaft entstehen lassen.

Berauscht von kreiselnden Tanzschlangen in griechischen Tavernen will ich meinen Tänzer*innen auch einmal Live-Musik gönnen. Aber siehe da, die deutschen Musikanten, die die griechischen Rhythmen durchaus meisterhaft beherrschen, stehen nicht gern in der Mitte des Kreises. Wenn sie aber außerhalb des Kreises sitzen und dabei in die Noten schauen... *ist es noch lange nicht dasselbe*. Und natürlich ist auch, wie so oft, das Zeiterleben ein völlig anderes. Während die deutschen Musikanten uns virtuose 3-Minuten-Stücke kredenzen, würde kein bulgarischer, griechischer oder türkischer Hochzeitsmusiker kürzer als mindestens 20 Minuten am Stück ohne abzusetzen zum Tanze aufspielen und dabei natürlich jede Strophe x-mal wiederholen.

Eine meiner Lieblings-Balkanbands spielt auf dem Marktplatz in Stuttgart - also gehen wir hin und tanzen dort. Naja, wir hätten mehr sein können, aber sei's drum. Der Platz ist ohnehin knapp, und siehe da, das Stuttgarter Konzertpublikum reagiert durchaus ambivalent: Die einen schließen sich neugierig unserem Kreiseln an, die anderen dagegen schauen entschieden geradeaus an uns vorbei und weichen keinen Zentimeter zur Seite. Nicht dass der Platzhirsch auf dem Balkan eine unbekannte Spezies wäre, aber beim Tanzen ist er mir dort noch nicht begegnet. Es ist eben niemals dasselbe.

Auch der schwäbische Grieche, der einer meiner geschätzten Tanzlehrer geworden ist, macht seine Grenzerfahrungen. Er unterrichtet junge Griechen und ältere Deutsche und erlebt dabei durchaus Unterschiedliches. Die jungen Griechen sind elastischer und haben ein leichtfüßiges Rhythmusgefühl, die Deutschen aber haben mehr Ausdauer und zeigen mehr Interesse für den kulturhistorischen Hintergrund seiner Tänze.
Ihr seid meine wahren Griechen! ruft er uns eines Tages begeistert zu.
Ja wie jetzt?

Exotisch

Wenn ich zu meiner Mutter fahre, halte ich gern an einer Auto-
bahnraststätte, wo es einen schönen Blick auf den mäandernden
Fluss gibt. Als ich von der Ausblickterrasse zurück zu meinem
Auto schlendere, begegne ich einem indischen Reisegrüppchen:
ältere Damen in Saris, Männer mit Kameras vor dem Bauch. Ich
mustere sie: Kleidung, Hautfarbe, Klang der Sprache... aha, wohl
Südindien. Ach was, und die kommen hier an die Mosel.

Zwei der Damen schauen mich interessiert an. Ich bin ja fremden-
freundlich, also grüße ich sie mit einem Lächeln. Die Dame in
Orange spricht mit ihrem Mann, der fasst sich ein Herz und übersetzt in holpriges Englisch: Ob sie ein Foto mit mir machen dürf-
ten?
Na klar, warum nicht.
Ich postiere mich zwischen die bunt umwickelten Damen, stehe
da in Jeans und Blazer, überrage sie um Kopfeslänge. Der Gatte
knipst und nickt zufrieden. Für mehr Konversation reicht sein
Englisch nicht, wir lächeln noch einmal und verabschieden uns.

Während ich zum Auto gehe, überkriecht mich ein verdutztes Gefühl. Na sowas. In Indien habe ich solche Damen fotografiert. Jetzt
drehen sie plötzlich hier an der Mosel den Spieß um und fotogra-
fieren mich. Und wer von uns beiden ist jetzt die Exotin?

Erdrutsch

Omid kenne ich nur flüchtig. Er fiel mir auf, weil er beim Tanzen so unglaublich schön mit dem Kopf wackeln kann. Bei einem anderen Musik-Event treffe ich ihn wieder.
Was machst du, Omid?
Ein Praktikum in einem Laden für Autozubehör, aber das sei nicht gut. Viel lieber wäre er in einer Werkstatt.
Ich muss sowieso nächste Woche mit meinem Auto in die Werkstatt, *da kann ich mal für dich fragen, Omid.*
Einmal fragen, einmal mit ihm hingehen um ihn vorzustellen, das kann ich doch für ihn tun. Auch wenn ich eigentlich mit den anderen Jungs schon mehr als genug zu tun habe. Das ist ja eigentlich kein Aufwand.

Aber dann will Omid doch nicht mit in die Werkstatt kommen: Seine Mutter in Afghanistan sei schwer erkrankt und brauche Geld fürs Krankenhaus, er müsse sich dringend einen richtigen Job suchen.
Okay, dann suchen wir eben einen richtigen Job für dich, Omid.
An meinem PC tippe ich seinen Lebenslauf. Ich wollte ja eigentlich auf keinen Fall noch eine Patenschaft übernehmen, aber was soll's, das hier mache ich geschwind.

Was hast du in Afghanistan gearbeitet, Omid?
Da bricht die ganze schreckliche Geschichte aus ihm heraus: von dem Onkel, mit dem er zusammen LKW fuhr, der von den Taliban umgebracht wurde, weil sie eine Kiste Alkohol in seinem LKW fanden, und vom Sohn des Onkels, der ihn beschuldigte, den Onkel umgebracht zu haben, weil immer ein Schuldiger her muss, wenn etwas Schreckliches passiert.

Ups, so lange wollte ich ja heute eigentlich nicht mit ihm hier sitzen...
Magst du was trinken, Omid?

Wenn du arbeitest, müssen wir auch dem Landratsamt Bescheid geben, Omid.
Da entdecke ich, dass ihm das Landratsamt in den letzten Monaten zu wenig Geld ausbezahlt hat.
Das regeln wir geschwind, ich rufe gleich mal dort an…
Ups, und schon wieder bin ich mittendrin.

Wenn er arbeiten will, braucht er eine Arbeitserlaubnis (Kann er das alleine oder muss ich…?), und wenn er eine Arbeitserlaubnis will, dann muss er dem Ausländeramt vorher seinen afghanischen Ausweis, die sogenannte Tazkira, vorlegen.
Hast du eine Tazkira, Omid?
Omid hat eine Tazkira, aber die ist mit Tinte geschrieben und ist unterwegs auf dem Weg von Afghanistan nach Deutschland nass geworden.
Ups, Omid! Was machen wir da…?!
Wir brauchen eine Übersetzerin, die muss gucken, ob man das noch lesen kann. Und wenn nicht, dann bräuchten wir einen Rechtsanwalt…

Jetzt wenigstens noch schnell den Lebenslauf von meinem auf seinen PC kopieren. Aber der tut seit dem letzten Update nicht mehr richtig, sagt Omid.
Aber den PC brauchst du, wenn du im Internet einen Job suchen willst!
Also werde ich morgen meinen PC-Helfer fragen, ob er das vielleicht ehrenamtlich reparieren könnte.
Muss ich da mitgehen oder kannst du das allein?

Und wieder einmal hat mich die Ehrenamtslawine überrollt.
Fehlt bloß noch, dass er morgen Zahnweh kriegt.

Kumpel lügen nicht

Ich habe einen Termin mit Zahir. Wir wollen besprechen, wie wir nun einen Job für ihn suchen, weil der Deutschkurs sich auf sein Ende zubewegt. Aber Zahir hat heute wieder einmal *Null Bock*.

Als ich dich vor ein paar Tagen bei Yarmohamad getroffen habe, da ging es dir sehr gut, oder?
Ja, das gute Tag. Heute schlechte Tag.
Auf meine Nachfragen hin antwortet er stets, dass er nicht wisse, wann und warum die schlechten Tage kommen. Das glaube ich zwar nicht recht, aber offensichtlich will er es mir nicht sagen.
Heute versuche ich es einmal anders herum: *Weißt du, warum das ein guter Tag war?*
Er guckt mich zögernd an. *Habe Internetseite geguckt.*
Was für eine Internetseite?
Und ich erfahre: dass es da Leute gebe, bei denen könne man sich anmelden bis dann und dann, und die bringen einen nach Kanada. *Jetzt nichts bezahlen.* Wann und wie er das bezahlen soll, das wisse er nicht, *erst anmelden, dann vielleicht sagen.*

Mein Gott, wie kann man nur so leichtgläubig sein! schießt es mir sehr deutsch durch den Kopf. Und dass ich mir wohl die Mühe sparen kann, einen Job für ihn zu suchen, während in seinem Hinterkopf ganz andere Programme laufen.

Ich lasse mir die Seite an meinem PC zeigen. Natürlich kein Impressum, kein Name, keine Adresse, nix. Ich erkläre ihm, wozu ein Impressum gut ist. Es beeindruckt ihn nicht. Er übersetzt mir den persischen Text. Da stünde ein Name, bei dieser Frau müsse man sich telefonisch anmelden, nur diese Frau wisse dann etwas von der Anmeldung, niemand sonst. Oh je, wie dumm ist das denn. Aber es gibt ja viele Dinge, über die man sich wundern kann und die trotzdem funktionieren, man denke nur an manchen Geldanlagehype oder an die berüchtigten Enkeltricks bei deutschen Senior*innen.

Da stehe auch, dies sei nur für seine Volksgruppe, die Hazara, für andere Afghanen nicht. Aha, ein Exklusivangebot also. Vertrauenswürdig allein schon durch die Erwähnung der Ethnizität. Denn das sind die Garanten der Wahrheit in einer großenteils analphabetischen und deshalb mündlich orientierten Welt: Volksgruppe, Familienclan, Kumpel.

Zeitung? hat er nie gelesen. Deutsches Fernsehen? versteht er nicht. Flüchtlingshelfer? die sind sowieso immerzu anderer Meinung. Während ich mich um Aufklärung in jedweder Hinsicht bemühe, kocht die migrantische Gerüchteküche die wildesten Heils- und Unheilsbotschaften. Während wir in Westeuropa uns an Daten und Fakten orientieren (oder dem, was wir dafür halten), auf jeden Fall gern an dem, was wir schwarz auf weiß sehen, orientiert man sich in mündlichen Kulturen an den Menschen, die man kennt. Oder an Menschen, die die Menschen kennen, die man kennt. Zahir kennt auch mich inzwischen eigentlich ganz gut. Aber seine Kumpel sagen, sie wollen auch nach Kanada gehen.

Was ist besser in Kanada? frage ich.
Er wiegt den Kopf. *Deutschland Stress…*
Wieso ist Kanada besser?
Weiß nicht. Vielleicht besser.
Prinzip Hoffnung, okay. Ich erzähle ihm, was ich in der Zeitung gelesen habe: dass man Leute, die ohne Papiere nach Kanada einreisen, ins Gefängnis steckt.
Hier ins Flüchtlingsheim, dort ins Gefängnis - was ist besser, Zahir?
Nein, das stimme nicht. Einige Kumpel seien schon in Kanada. Sie hätten ihm von dort geschrieben.
Was für Kumpel? Kumpel von hier?
Nein, aus Herat.

Okay, Zahir, ich schicke dir morgen eine WhatsApp und schreibe dir: Ich bin in Kanada.
Er schüttelt den Kopf. *Kumpel nicht lügen.*

Ach Zahir... ja, so ist das, in deiner Welt lügen die Kumpel nicht, und in meiner Welt gibt es inzwischen eine "Lügenpresse". Es ist nicht so einfach mit der Wahrheit.

Und was sage ich jetzt? Ich nehme seine Hand, nehme sie in beide Hände, schaue ihn an und sage: *Ich habe Angst um dich, und ich möchte, dass es dir gut geht.*

Schließlich stimmt er zu, dass wir gemeinsam zu einer Beratungsstelle für Geflüchtete gehen.
Und morgen rufst du mich an und sagst mir, ob du wirklich da hingehen möchtest. Dann mache ich einen Termin.
Ich habe mir geschworen, kein afghanisches *Okay* mehr für ein *Ja* zu nehmen, bevor nicht eine Nacht darüber gegangen ist.

Zur Beratungsstelle gehe ich ein paar Tage später allein, Zahir hat nicht angerufen.
Ja, sowas gebe es oft, da werde dann natürlich doch irgendwann Geld erhoben, und dann sei das Geld halt weg, mehr passiere meist nicht. Es sei denn, man werde genötigt, die Gebühr mit Drogendealerei zu verdienen. Womit man sich seine Aussichten auf ein Bleiberecht verspielt hätte.

Vielleicht sollte ich doch mit Volldampf einen Job für ihn suchen. Damit er einen konkreten Grund hat, noch ein wenig zu warten mit Kanada.

Handreichung

Manchmal läuft es gut. Dann gibt es z.B. plötzlich drei Ausbildungsverträge. Und manchmal läuft es schlecht. Der eine bekommt keine Ausbildungsgenehmigung, der andere wird krank, nur der Dritte kann die Ausbildung beginnen. Und manchmal läuft es wieder ganz anders: Der eine findet immerhin einen Helferjob, der andere wird gesund und bekommt einen unbefristeten Vertrag, aber der Dritte schmeißt die Ausbildung hin.

Und du stehst daneben und streckst die Hand aus. Und manchmal nimmt sie der eine, und manchmal nimmt sie der andere, und manchmal auch der dritte, und manchmal keiner von ihnen, und du stehst daneben.

Eine Freundin, die ehrenamtlich im Hospiz arbeitet, erzählt mir von einer Fortbildung, bei der sie gelernt habe, wie man Sterbenden respektvoll Kontakt anbietet: Wenn man ihnen die Hand reichen möchte, dann solle man nicht die eigene Hand auf die Hand des Fremden legen. Man solle seine Hand lieber unter die des Patienten schieben, so dass der andere seine Hand jederzeit ohne Mühe zurückziehen kann.
Das leuchtet ein.
Nicht immer ganz einfach, wenn der andere so jung ist, so schlecht deutsch spricht, so wenig Überblick hat und so viel auf dem Spiel steht, seufze ich.

Jung und Alt

Dass manche Flüchtlinge fordernd seien, sagen manche Flüchtlingshelfer*innen. Dass man von manchen nie ein Danke zu hören
bekomme. Und dass manche sich mit großer Selbstverständlichkeit helfen ließen, ohne auf die Idee zu kommen, es selber lernen
zu wollen, um selbständiger zu werden.
Dass diese jungen Männer erstaunlich wohlerzogen seien, hört
man andererseits. So hilfsbereit, so freundlich. So gar nicht rüpel-
haft, so gar nicht halbstark.

Die das sagen, gehören mehrheitlich einer anderen Generation an
als die, über die sie sprechen. Überall in meinem Alltag sehe ich
sie, diese Gespanne aus flotten Rentner*innen und jungen Männern mit schwarzen Haaren: im Kaufhaus, im Park, beim Konzert...
Da scheint eine Art neuer Generationenvertrag in Gang gekommen
zu sein.

In einem klugen Buch lese ich, in vorindustriellen und stark patriar-
chal geprägten Gesellschaften sei der Generationenvertrag folgen-
der: Der junge Mensch passt sich an, er tut, was die Älteren ihm
sagen. Dafür erwartet der Junge von den Älteren, dass sie für ihn
sorgen. Gehorsam gegen Fürsorge - ein selbstverständliches, als
ganz natürlich betrachtetes Tauschgeschäft.

In meiner Jugend war das größte Lob, das ich hörte: *Sie ist schon
sehr selbständig.* Jetzt seufze ich über die Unselbständigkeit dieser Jungs.

2015 waren viele von uns Flüchtlingshelfer*innen ganz entzückt
über diese ausgesprochen netten jungen Menschen, die plötzlich
unsere Fürsorge brauchen konnten. Unsere deutschgeborenen
Kinder, Neffen, Nichten oder Enkel waren schon sehr selbständig.

Eingreifen?

Meine Freundin Anna fuhr mit dem Zug. Ihr gegenüber saß ein Mensch mit schwarzer Haut. Als der Schaffner kam, wurde deutlich, dass dieser junge Mann nicht allzu viel Deutsch verstand und zudem mit dem Ticket, das er in der Hand hatte, nicht mit diesem ICE hätte fahren dürfen. Er solle bitte beim nächsten Halt aussteigen, sagte der Schaffner freundlich.

Beim nächsten Halt blieb der junge Mann sitzen. Nach einiger Zeit kam der Schaffner erneut vorbei. Er müsse wirklich beim nächsten Halt aussteigen und mit dem Regionalzug weiterfahren, sagte er mit einem geduldigen Lächeln.

Meine Freundin Anna wollte eigentlich Urlaub machen und jetzt mal gar nicht an Flüchtlinge denken. Aber nun fühlte sie sich aufgerufen, diesem jungen Mann zu helfen. Sie erläuterte ihm noch einmal, dass er nicht mit diesem Zug weiterfahren dürfe.
My friend Mannheim, sagte der junge Mann und schien ratlos.
Der Zug hielt in Köln. Anna schaffte es, den jungen Mann zum Aussteigen zu bewegen. Der ICE fuhr weiter, der junge Mann stand in Köln auf dem Bahnsteig.

Als der Zug später in Mannheim hielt, fiel Anna auf, dass der Schaffner seither nicht mehr vorbeigekommen war. In ihrem Kopf ploppten Fragen auf: Ob das wohl Zufall oder Absicht war? Ob der junge Mann in Köln wohl einen passenden anderen Zug gefunden hat? Oder ob er da herumgeirrt ist und seinen Freund in Mannheim verpasst hat? War es nun richtig, ihn zum Aussteigen zu bewegen? Oder war es genau falsch gewesen? Hätte sie vielleicht besser den Dingen ihren Lauf lassen sollen?

Ich werde es nie erfahren, sagt Anna.

Erfolgserlebnis

Ich höre von einem sehr engagierten Ehrenamtskollegen: Schon eine Weile hat er einen Syrer und seinen Sohn betreut. Der Vater ein Teppichhändler, *ein richtig netter Kerl*, der Sohn ein kluger Kopf, der demnächst studieren wird. Da freut man sich!

Und dann hat auch noch der Familiennachzug geklappt. Jetzt ist die Frau bzw. Mutter da. Was für ein Erfolg! Flüchtlingshelfer*innen sind nicht erfolgsverwöhnt, da tut es gut, wenn es mal richtig vorwärts geht.

Momentan ist sie die einzige Frau auf der vielköpfigen Etage im Flüchtlingsheim. Und was passiert nun? Die Frau verlässt das Zimmer nicht. Wenn sie auf die Toilette geht, riegeln Ehemann und Sohn den Flur ab, damit sie ja keiner sieht. Und Deutschkurs? Nein, da will der Ehemann sie nicht hingehen lassen, das brauche sie nicht.

Der Flüchtlingshelfer holt tief Luft. *Wir haben uns für diese Familie ein Bein ausgerissen. Und jetzt darf sie mir nicht einmal die Hand geben.*

Die Überweisung

Hafiz muss zum Facharzt, *okay ich gehe mit*, und er soll von seinem Hausarzt rechtzeitig eine Überweisung holen.

Aber Hafiz hat die Überweisung noch immer nicht geholt. Ich verliere die Geduld und schicke ihm eine entnervte Nachricht. Es folgt ein beidseits ärgerlicher WhatsApp-Wechsel. Diesmal werde ich richtig sauer. Schluss mit lustig, er soll am nächsten Tag vorbeikommen, basta.

Als Hafiz kommt, begrüße ich ihn kühl. Er gackst, drückt sich kichernd an mir vorbei in die Garderobe, und während er seine Jacke aufhängt, sagt er: *Du schlägst mich, oder?*

Ich bin entsetzt.
Hafiz, nein! Nicht in Deutschland.
Oh Gott, denkt er das wirklich...? Bloß weil ich gestern mal die Faxen dicke hatte? Obwohl ich natürlich weiß, dass in seinem Land Eltern und Lehrer schlagen, bin ich zutiefst erschrocken, als mir dieses Thema in solcher Konkretheit entgegentritt.

Dann versuche ich zu verstehen, was abgelaufen ist. Wie so oft muss ich lange insistieren, muss viele für afghanische Ohren sehr unhöfliche und bedrängende Fragen stellen, bis etwas Verstehbares herauskommt. Anscheinend weiß Hafiz selber nicht genau, warum er seit zwei Wochen tagtäglich vergessen hat, die verflixte Überweisung zu holen. Schließlich murmelt er etwas, das mich aufhorchen lässt: Bei diesem Arzt seien überall Frauen.
Wie... überall Frauen?
Fremde Frauen. Wenn er mit denen sprechen müsse, vergesse er alles, was er habe sagen wollen. Er könne nicht gut mit Frauen sprechen.
Überall in Deutschland diese vielen Frauen - jetzt wird er fast ärgerlich - überall: bei der Arbeit, in den Büros, auf der Straße...!

Aber du sprichst doch auch mit mir, Hafiz…
Mich kenne er ja seit 3 Jahren, das sei wie Familie. Aber die fremden…
Und bei der Arbeit? Deine Kolleginnen?
Im Team sei es okay, das sei auch wie Familie, aber die Frauen von den anderen Abteilungen, mit denen spreche er nur *Hallo-guten-Tag*, mehr nicht.

Oh mein Gott, er stülpt uns unsichtbare Burkas über.

Mir fällt ein Experiment ein, von dem ich einmal las. In einem Aquarium hatte man in der Mitte eine Glaswand eingesetzt. Die Fische merkten schnell, dass sie sich am Glas die Nase anstießen und beschränkten fortan ihre Schwimmrunden auf die ihnen zugewiesene Hälfte. Als man später das Glas wieder herausnahm, hielten sich die Fische weiterhin nur in der einen Hälfte des Aquariums auf.

Und die deutschen Männer? frage ich.
Mit Männern sei es einfach, mit deutschen Männern könne er sprechen.

Ich denke an Nachrichtenbilder aus Afghanistan: Männer. Straßen und Plätze voller Männer, immer nur Männer. Wenn es eine friedliche Straßenszene ist, vielleicht ein paar blaue Säcke dazwischen. Diese hermetische Welt.

Mit welchen Frauen er eigentlich in Afghanistan gesprochen habe, will ich wissen.
Nur mit Mutter, Großmutter und Schwester. Ja, mit der Tante auch. Aber dann sei Schluss.
Mit der Cousine?
Nein! nicht viel gesprochen!
Cousinen gelten als bevorzugte Heiratskandidatinnen. Würde er mit einer Cousine sprechen, zum Beispiel auf einem Fest, würde

der nächstbeste Mann ihn rügen: *Ist das deine Schwester?! Ist das deine Mutter?! Warum sprichst du mit ihr?!*
Einen Schritt aus dem Bannkreis heraus und sofort bekommt man Ärger.
Ich bin Afghane, setzt er hinzu, in einem Ton, als würde das alles erklären, *ich komme von Dorf, immer in Dorf gewesen. Deine Stadt ganz andere Welt.*

Gestern hatte ich ihm verärgert geschrieben, dass er ohne Überweisung hier nicht mehr aufzukreuzen brauche. Ich bedanke mich, dass er sie heute mitgebracht hat. Nein, Hafiz, ich kann es dir nicht ersparen.

Einige Afghanen, die er kenne, wollten zurückgehen, sagt er dann. Und ich sage: *Ja, das verstehe ich.*

Deutsche Köpfe und afghanische Köpfe - nein, das passt nicht wirklich gut zusammen. Das passt zusammen wie die Faust aufs Auge oder wie Yin und Yang. Zwischen diesen beiden Optionen müssen wir wohl immer wieder wählen, du wie ich.

Irgendwo habe ich mal gelesen, dass Buddha gesagt habe: Wenn du jemanden triffst, der dir ein Ärgernis ist, dann sei ihm dankbar, denn er eröffnet dir Lernchancen. Aber wie viel wollen oder können wir lernen?

Ich fasse für Hafiz zusammen, was ich verstanden habe.
Erstens: Ein großes Problem in Deutschland sind für dich die Termine.
Hafiz nickt heftig. *Keine Lust immer Termine machen!*
Ich sage: *Wer keine Termine machen will, kann nicht gut in Deutschland leben. Und zweitens: Das größte Problem sind die Frauen.*
Er nickt noch heftiger. *Groooßes Problem.*

94

Oh Hafiz, wie willst du je in Deutschland eine Frau finden...
Seine Mutter in Afghanistan werde ihm eine schicken.
Das geht nicht, Hafiz. Das erlauben unsere Gesetze nicht.
Er seufzt. Dann sagt er, dass er eine deutsche Frau heiraten
werde. Aber jetzt noch nicht, *jetzt ich brauche nicht, ich habe Zeit,
ich bin jung.*

Ja, Hafiz, du bist jung.

Entwicklungen

Irgendwann musste sie kommen, die unvermeidliche Frage:
Hast du Kinder?
Nein.
Ich zucke die Achseln und entscheide spontan, mich in der Wortwahl der Gedankenwelt meines Gegenübers anzupassen: *Allah hat mir keine gegeben.*
Achso. Und deine Mann, wo ist?

Tja... Ich lebe seit 30 Jahren mit meiner Frau zusammen, und verpartnert sind wir auch, aber das erzähle ich dir jetzt nicht. Ich will ja, dass unsere junge Bekanntschaft noch ein Weilchen weiter geht. Was also sage ich?
Mein Mann ist nicht da. Er arbeitet.
Achso.
Samir hört auf zu fragen, er ist höflich, ein Afghane fragt nicht allzu viel. Okay, für dieses Mal davongekommen.

Ich bin seit Jahrzehnten nahezu überall out. Mich zu ducken, das bin ich gar nicht mehr gewöhnt. Aber mit diesen Jungs ist ja alles irgendwie anders.

Unsere junge Bekanntschaft entwickelt sich gut, wir sehen uns regelmäßig, und im Laufe der Zeit kommt Samir immer öfter zu uns nach Hause. Also folgt irgendwann sein nächster Versuch, sich über die Ordnung der Dinge zu vergewissern.
Ich habe eine Frage...
Ja?
Deine Mann nicht da?
In der Not schicke ich den guten Mann nach Amerika: Er habe einen Lehrauftrag...äh... an einer Uni in den USA. Was mir auf die Schnelle so einfällt. Hauptsache weit weg. Dass es gut ist, dann mit meiner besten Freundin das Haus zu teilen, das leuchtet Samir ein.

Die Monate vergehen, Samir geht bei uns ein und aus, er wächst uns ans Herz. Und wieder macht er sich Gedanken: *Frau Gisela auch keine Mann hat? Deine Mann nicht kommt? Du viele allein, das nicht gut. Wann kommt?*

Dein Mitgefühl in Ehren, Samir, aber jetzt stehe ich auf dem Schlauch. Der gute Mann muss jetzt wohl Amerika verlassen. Ich fasse mir ein Herz und schaue meinen fremd-vertrauten jungen Afghanen an.
Ich muss dir etwas sagen, Samir. Ich habe gelogen. Guck mal, ich bin mit Gisela verheiratet.
Achsoooo...!
Jetzt muss Samir eine ganze Weile nachdenken, ich kann ihm geradezu dabei zuschauen. Ja, dass es sowas gibt in Deutschland, das habe er schon gehört...
Mann-Mann auch, oder?
Ja, Mann-Mann, Frau-Frau, Frau-Mann, ganz egal.
Deutschland ganz anders, murmelt Samir und wiegt den Kopf. Dann schaut er mich an und lacht.
Du gelogen!

Ein paar Tage später berichtet er mir, dass er mit seiner Mutter in Kunduz telefoniert und ihr erzählt habe, dass Frau Brigitte mit Frau Gisela verheiratet sei.
Und was hat deine Mutter dazu gesagt?
Dass es sowas in Afghanistan auch gebe.
Aber nicht Hochzeit machen.
Seine Oma allerdings habe nicht glauben wollen, dass in Deutschland Männer einander tatsächlich heiraten können. Und so landet nun ein Foto meines Neffen, frisch verpartnert mit seinem brasilianischen Lebensgefährten, als Beweisstück im Smartphone der afghanischen Großmutter.
Jetzt sie glaubt.
Dem frommen Vater allerdings erzählt Samir es nicht. Dafür einigen der Kumpels im Flüchtlingsheim.

Im Oktober 2017 kommt sie dann, die Ehe für alle, jetzt auch in Deutschland. Verpartnerte können ihr Übergangsmodell durch einen erneuten Gang zum Standesamt umwandeln in einen ordentlichen Ehestand. Okay, das machen wir, Heirat die zweite. Und Samir, der mittlerweile irgendwie zur Familie gehört, ist mit dabei.

Deutschland ganz anders, muss er sich noch einmal kichernd selber sagen, und weil es kurz vor Weihnachten ist, schenkt er uns zur Trauung einen riesigen Weihnachtsstern.

Das ist Deutschland

Fazel hat eine Arbeitskollegin im gleichen Alter, und die hat Gefallen an ihm gefunden. Jetzt gehen sie manchmal zusammen spazieren. Dabei hat sie ihn neulich eingehakt. Mitten auf der Straße. Da war ihm seltsam zumute und er bedeutete ihr, dass er das so nicht möchte.
Ich schäme... sagt er zu mir.

Ein andermal sitzen sie auf dem Bahnsteig auf der Bank und warten auf die S-Bahn. Da legt sie den Kopf an seine Schulter, *müde...*
Diesmal beschließt er, sie nicht abzuweisen.
Egal. Das ist nicht Afghanistan, das ist Deutschland.
Natürlich hat er registriert, dass mehrere afghanische Kumpel im Bahnhof anwesend sind. Tapfer bleibt er sitzen.

Die S-Bahn kommt, die Kollegin steigt ein, die Bahn fährt weiter.
Da kommen die Kumpel von allen Seiten auf ihn zu: *Was machst du, Bruder?!*
Er bleibt tapfer.
Das ist meine Freundin. Das ist Deutschland.

Hochzeit (Version 1)

Uff.

Ich bin innerlich wie atemlos.

Ayub ist gegangen, und ich sitze da.

Was war denn das!?

Da fragt mich einer um meinen Rat, ob er der Verheiratung seiner 17-jährigen Schwester zustimmen soll. Ach du liebe Zeit...!

Ayub hatte mir vor einigen Monaten erklärt, ich sei wie eine ältere Schwester für ihn. Seinen Eltern in Kandahar sagte er nun am Telefon, er habe jetzt einen deutschen Kopf und er brauche Bedenkzeit, um sich mit seiner deutschen Schwester zu besprechen. Als Ayub gegangen ist, sitze ich noch lange verdattert in meinem Sessel.

Mir kommt eine andere Episode in den Sinn. Letztes Jahr bat mich Wahid einmal, als Heiratshelferin zu agieren. Er hatte hier in der afghanischen Community eine Familie mit einer Tochter im heiratsfähigen Alter kennen gelernt, und ich sollte mit ihm einen Besuch bei den Eltern machen und erzählen, was für ein guter Kerl er sei. *Was, und sowas machst du?!* fragte eine gute alte Freundin damals entsetzt.

Na klar, ich wäre doch einfach mal neugierig gewesen. Und als merkwürdige Deutsche hätte ich es mir ja vielleicht herausnehmen können, um ein Vier-Augen-Gespräch mit der heiratsfähigen Tochter zu bitten, um sie zu fragen, ob sie ihn denn wirklich will. Aber es kam nicht dazu, der Vater hatte es sich anders überlegt.

Jetzt sitze ich unverhofft mittendrin in so einer Geschichte. Die sich weit weg im fremden Land abspielt nach den Regeln dieser verdammt fremden Kultur, die ich zwar immer besser kennen lerne - wenn ich aber plötzlich nach diesen fremden Regeln mitspielen soll, fühlt sich das ziemlich verrückt an. Da sitze ich also hier, die alte Feministin, und überlege gemeinsam mit Ayub, ob der Bewerber ein guter Kerl ist und ob man ihm die 17-Jährige versprechen soll, mit der er nie ein Wort gesprochen haben wird bis zur Hochzeitsnacht.

Ach du jemine.

Ayub war am Ende hochzufrieden mit unserem Gespräch, er fühlte sich geklärt und gab der Familie gleich den Startschuss: Alles gut, es kann geheiratet werden.

Welcher meiner feministischen Freundinnen kann ich sowas überhaupt erzählen?

Atemlos bin ich.

Was habe ich da gemacht?

Das was ich immer mache, das was mir meine Berufskultur in meiner Rolle als Coach vorgibt: einem Menschen in Entscheidungsnot beim Klären seiner Gedanken zu helfen. Aber normalerweise kommt dabei nicht heraus, dass 17-jährige Mädchen an fremde Männer verheiratet werden.

Kann das Richtige zu tun in einem fremden Kontext womöglich das Falsche sein?

Wie war das noch mit dem "wahren Leben im falschen"...?

Ich kann mich gar nicht recht beruhigen.

Naja, ich hab's ja nicht entschieden. Und geheiratet wird auch ohne mich. Aber darf ich bei sowas mitspielen? Oder ist das Verrat an den eigenen Werten?

Aber welche Werte genau? Wenn man die hiesigen Scheidungsziffern anschaut, lassen sich ja nicht wirklich überzeugende Argumente finden für das Modell der romantischen Partnerwahl. Einen gewissen Pragmatismus halte ich nicht für das Schlechteste. Den hatten auch unsere Eltern. "Vernuftehe" nannte man das bei meiner Tante, die von ihrer Schwester nach dem Krieg mit einem netten Schreiner verkuppelt wurde. Ihre Schwester, die später meine Mutter wurde, heiratete praktischerweise einen Jungen aus ihrem

Dorf, und die dritte Schwester nahm dann gleich den Bruder ihres Schwagers. Alle drei Paare blieben ein Leben lang beieinander. Glücklich oder nicht? Wer ist schon immer glücklich. Ist es romantischer, sich den Algorithmen von Parship anzuvertrauen, als wenn Ayubs Mutter mit der zukünftigen Schwiegermutter Tee trinken geht? Nüchtern betrachtet gebe ich der arrangierten Ehe die gleiche Chance wie der selbstgewählten: fifty-fifty.

Trotzdem bin ich aufgewühlt, nachdem Ayub gegangen ist. Ich japse geradezu innerlich nach Luft. In was gerät man da hinein mit diesen fremden Jungs! Wo sind die Grenzen? Wann ist etwas noch richtig und wann doch schon falsch?

Wenn Ayub heute Abend ruhig schlafen kann, dann war es wohl richtig. Oder? Seine Schwester hat auf seine Entscheidung gewartet, Ayub berichtet mir später, dass sie sich über seine Zustimmung gefreut habe. Die gesamte Familie übernimmt so gemeinsam Verantwortung für diese Ehe. Und hängt das Glück nicht sowieso etwas mehr daran, wie sehr man sich aufeinander einlässt, als daran, wie gut man meint zusammenzupassen? Ach weiß der Kuckuck.

Warum japse ich so?
Weil ich die Selbstbestimmung der Frau nicht unterbringe in dieser Geschichte? Weil das, was mir normalerweise als falsch gelten soll, in diesem Fall für die Betroffenen das Richtige ist? Und zudem im gegebenen Rahmen das einzig Mögliche - denn was wäre denn die Alternative für die junge Frau?
Wie erträgt man gelassen so viel Relativierung?
"Das ist halt deren Kultur" war mir noch nie ein gutes Argument.

Eins muss ich Ayub noch fragen: Hätte seine Schwester nein sagen können?
Ein paar Tage später erfahre ich auch das. Nein. Sie ist die einzige, die in dieser Sache nicht nach ihrer Meinung gefragt wird.

Uff.

Aber Ayub, was macht sie, wenn ihr der Mann nicht gefällt?!

Eine dumme Frage eigentlich, denn sie kennt ihn ja gar nicht. Aber ich muss es trotzdem fragen.

Ayub hat sogar eine Antwort für mich: Wenn sie den Bewerber aus irgendeinem Grund nicht wollte, dann würde sie es Ayub sagen, und der würde dann sagen, dass er den Kandidaten nicht geeignet fände.

Hm...

Hochzeit (Version 2)

Ayub kommt zum Deutschüben, denn bald muss er einen Test schreiben. Er lässt sich in den Sessel fallen, reibt sich die Stirn. *Ich habe viel Kopfschmerzen. Zwei Tage immer Kopfschmerzen gehabt.*

Was war vor zwei Tagen, Ayub?
Vor zwei Tagen hat seine Mutter aus Kandahar angerufen und ihn um eine Entscheidung gebeten. Ein junger Mann aus der Nachbarschaft seiner Großmutter hat um seine 17-jährige Schwester angehalten. Der Vater ist dafür, die Großmutter auch, die Mutter eigentlich auch, aber er als ältester Sohn der Familie muss ebenfalls gefragt werden, denn derlei Entscheidungen trifft die Familie im Konsens. Wenn es schief geht mit der Ehe der Schwester, dann müssen alle gemeinsam auffangen, was sie alle gemeinsam eingefädelt haben. Da Ayub als letzter gefragt wurde, ist er nun das Zünglein an der Waage: Sagt er nein, ist die Sache gestorben. Sagt er ja, wird die Hochzeit geplant.

Und deine Schwester?! was sagt SIE denn?
Sie habe zu ihm am Telefon gesagt: Sag ja, dann mache ich's, sag nein, dann lasse ich's.
Ich habe groooße Verantwortung, seufzt er und stützt den Kopf mit beiden Händen. *Ich habe gesagt: Stopp, ich brauche ein bisschen Zeit. Ich spreche mit Frau Brigitte. Mein Kopf zu klein, zwei Köpfe größer, erst zusammen sprechen, dann ich rufe an.*

Okay, also nichts mit Deutsch üben heute. So viel zur Planbarkeit des Alltagslebens.

Was sagen denn deine Freunde dazu, Ayub?
Er schnalzt sein afghanisches Nein und schaut mich empört an. Mit den Freunden kann er doch nicht darüber sprechen! Über die Frauen in der Familie spricht man mit niemandem, klärt er mich

auf. Die Namen der Frauen dürfen außerhalb der Familie nicht erwähnt werden. Die Namen nicht, und nicht einmal die Person: Wenn er seine verwitwete Großmutter besuchen ging, dann sagte er stets: *Ich gehe zum Großvater,* obwohl der schon lange tot war.

Aber mir hast du ihre Namen gesagt.
Das sei etwas anderes. *Du Deutsche, du Frau, und du meine Schwester.*
Kein Wunder hast du Kopfweh, Ayub. Zwei Tage ganz allein mit dieser Entscheidung. Und ich könnte jetzt auch schier Kopfweh kriegen von dem, was ich höre.

Okay, klären wir also die Situation. Was spricht für den heiratswilligen jungen Mann? Der übrigens bislang nur die Fußknöchel der Schwester sah, und mehr wird er auch bis zur Hochzeit nicht sehen, sonst alles Burka.
Ayub zählt die Vorzüge des Bewerbers auf:
- Er ist zur Schule gegangen und hat einen guten Job.
- Er hat ein Auto und seine Familie hat ein großes Haus.
- Die Familie ist sehr freundlich, sagt die Großmutter, die die Sippschaft als Nachbarn kennt.

Ayub hat gestern mit dem Aspiranten telefoniert.
Ich habe viel gefragt! sagt er stolz, und ich verstehe sofort, was er meint: In Afghanistan fragt man nicht viel und schon gar nicht direkt. Aber so deutsch ist er mittlerweile schon, dass er sich ohne Umschweife die Informationen geholt hat, die er jetzt braucht: Alter, beruflicher Werdegang, monatliches Einkommen, Automarke, wie groß ist das Haus u.a.m.

Was denkst du, ist er einer, der seine Frau schlägt? will ich wissen.
Ich habe gefragt! versichert Ayub, und der junge Mann habe gesagt: Sein Vater schlage seine Mutter nicht und so wolle er es auch halten. Außerdem wolle er gern noch ein Jahr warten, bis die Braut achtzehn sei.

Lauter Pluspunkte für den Kandidaten. Nachdem ich den ersten Schock überwunden habe, bin nun auch ich allmählich von der guten Partie überzeugt.

Stimmt das auch alles, was er sagt? frage ich nachdenklich. Eben! Das könne er ja von hier aus nicht überprüfen. Allerdings habe der Vater inzwischen seine Recherchen angestellt und sei zu guten Ergebnissen gekommen: der Chef der Bank, wo der junge Mann arbeite, habe dem Vater bestätigt, dass er einen Angestellten dieses Namens habe und dass das ein guter Mann sei, dem man getrost eine Tochter zur Frau geben könne. Das Auto und das Haus habe der Vater auch gesehen.

Ayub beschließt, dass man wohl auf die Recherchen des Vaters vertrauen kann. Und die Großmutter, die von diesen Nachbarn schon immer eine gute Meinung hatte, hat bereits mit der Mutter des Kandidaten Tee getrunken und ihr heimlich ein Foto ihrer unverschleierten Enkelin gezeigt.

Aber Ayub hat Kopfschmerzen...
Was spricht gegen die Heirat, Ayub?
Meine Mutter sehr traurig.
Ja, das verstehe ich.
Auch in Deutschland sind Mütter oft traurig, wenn die Kinder aus dem Haus gehen. Aber dann überlegen sie, was sie fortan aus ihrem Leben machen wollen. Das kann Ayubs Mutter nicht. Einen Job suchen, um nicht immer allein daheim zu sitzen? Ayub schnalzt wieder: Undenkbar! Wenn bekannt würde, dass eine Frau zum Arbeiten aus dem Haus gehe, dann käme gleich der nächstbeste Nachbar und böte ihr Geld für Sex. Wer keine Hausfrau ist, ist eine Schlampe.

Ich stelle mir Ayubs Mutter vor, die ich einmal bei einem Video-Telefonat auf dem Handy-Bildschirm gesehen habe: ein vitale, resolute Frau zwischen 40 und 50, eingesperrt in ein Haus mit hohen Lehmmauern ohne Fenster zur Straße, zukünftig allein mit dem wortkargen Ehemann. Und ich begreife einmal mehr, warum es eine hilfreiche Etikette ist, dass die Mütter bei den Hochzeiten weinen müssen.

Wir kommen letztlich zu dem Schluss, dass Ayub die Lage der Frauen in seinem Land jetzt nicht ändern kann und dass dieser vernünftige junge Mann mit dem guten Job vermutlich eine Chance ist sowohl für seine Schwester wie für die ganze Familie. Und weiß man, wer danach käme, wenn man diesen abgelehnt hätte? Es gebe viele schlechte Männer in seinem Land, findet Ayub, zum Beispiel solche, die Frauen schlagen oder Drogen nehmen.

Ayub beschließt, gleich heute Abend mit Kandahar zu telefonieren. *Ich sage ja und fertig. Dann wieder Deutsch lernen!*

Richtig, ich hatte ihm kürzlich das Wort "Verantwortung" ja in einem ganz anderen Sinne einzuprägen versucht: *Du bist jetzt 20, Ayub, du bist jetzt ein erwachsener Mann, du musst lernen, Verantwortung für dich selbst zu übernehmen. Und dazu gehört, dass du noch besser Deutsch lernst.*
Aber dafür braucht er den Kopf frei.
Kopfschmerzen jetzt bisschen besser, sagt Ayub, und *tschüss bis morgen!*

Neumond

Zum dritten Mal hat seine Mutter in Kandahar eine Frau für ihn im Auge. Zum dritten Mal sage ich: *Ayub, so einfach geht das nicht. Sie müsste schon zu Fuß kommen, wie du...*

Ayub schwankt alle paar Monate hin und her, mal ist er sicher, dass er (*später...*) eine deutsche Frau finden wird, mal kommt ihm das gar nicht in die Tüte. Immer wenn seine Mutter ihm ein (natürlich eigentlich verbotenes) Foto einer *schönen Frau* aus der Nachbarschaft schickt, wird er ganz wirr im Kopf. Heute findet er, dass er langsam immer älter werde, und womöglich eines Tages zu alt zum Heiraten. Er sei ja schon 21. Er sagt: *Ich möchte Kinder*, und schaut mich wehmütig an. Wer einen kinderlieben Vater will, sollte wahrlich auf Afghanen setzen.

Ayub ist seit vier Jahren in Deutschland, und er hat schon einige Etappen gut bewältigt. Sein Deutsch ist passabel, sein Job unbefristet. Sein Aufenthaltsstatus ist nach wie vor ungeklärt, das zermürbende Warten auf die Entscheidung im Asylverfahren dauert nun schon diese vier Jahre, aber daran ist nichts zu ändern. Die Hoffnung auf eine eigene Wohnung im industriellen Ballungsraum stirbt zuletzt, aber sie liegt derzeit ganz gut auf Eis, da er seit Monaten allein ist im Doppelzimmer, das ist ein großer Glücksfall im Mehrbettzimmerflüchtlingsheim, das ist derzeit auszuhalten. Insofern ist grad relative Ruhe eingetreten in seinem Leben. Und was ist nun die nächste Etappe, was kommt jetzt...? Bei einem jungen Mann von Anfang 20 stünde jetzt eigentlich die Liebe auf dem Plan.

Das allerdings, was wir unter *Liebe* verstehen, ist in Afghanistan ja so nicht vorgesehen. Bei Ayub dreht es sich da eher um *Familie*. *Immer allein, das nicht gut.*
Wenn ich frage, was er denn an freien Tagen gemacht hat, dann

bekomme ich Antworten, die mir nicht so recht zu einem jungen Menschen zu passen scheinen.

Immer zu Hause, immer in Zimmer.

Aber natürlich nach Möglichkeit nicht allein.

Mit Freund, mit Kumpels, essen, trinken, blabla, tanzen.

Das Tanzen gefällt mir ja, aber der Rest erscheint mir doch etwas eintönig.

Macht doch mal einen Ausflug, Ayub. Zum Beispiel dahin, wo wir neulich spazieren waren. Da findest du doch hin.

Ayub schüttelt den Kopf.

In Afghanistan keine Ausflug machen.

Das sind diese komischen Marotten der Deutschen.

Ayub sucht keine *Partnerin*, keine *Freundin* für die Freizeitgestaltung. Ayub braucht ein sicheres Zuhause. Ich bin mindestens so ratlos wie er. Wie soll das gehen? Momentan ist Ayub davon überzeugt, dass da gar nichts geht für ihn mit deutschen Frauen. Wenn er wenigstens mal welche kennen lernen würde, denke ich. Aber in die Disko gehen, die ich ihm neulich zeigen sollte, das will er nun doch nicht. Jemanden kennen lernen ist keine Kategorie im dörflichen afghanischen Heiratskontext, dazu hat man nach der Hochzeit ja noch genug Zeit.

Es ist dunkel geworden über unseren Gesprächen, wir schließen die Fahrräder auf, um heim zu radeln. Mit mir macht er durchaus manchmal Ausflüge. Vor der Brüstung stehend, an die wir die Räder gekettet haben, demonstriere ich ihm, was das Wort *Hürde* bedeutet. Ich mache das Pferd, das nicht weiß, wie und wann es die Hürde nehmen soll. Er lacht.

Dann radeln wir den lampenlosen Weg zwischen den alten Bäumen hindurch. Es scheint Neumond zu sein, man sieht nichts als die hellen Lichtkegel vor uns.

Guck mal, so ist das Leben, sage ich, *man weiß nicht, was da hinten kommt.*

Ayub fängt an zu singen. Zuerst ein afghanisches Lied, dann unser hebräisches Lieblingslied, das wir im internationalen Chor gelernt haben: *Kol ha'olam kulo gesher tsar me'od... Die Welt ist eine schmale Brücke, man darf nur keine Angst haben, herunterzu-fallen.*

Lauthals singend radeln wir durch die dunkle Allee. Ein paar Pär-chen auf den seitlichen Bänken werden sich gewundert haben.

Herdfeuer

Ich bin dabei, Äpfel zu schälen, als Firuz vorbeischaut. Ich drücke ihm ein Messerle in die Hand, wir setzen uns an den Küchentisch und schnippeln gemeinsam.
Wie geht's so?
Ja, die Erkältung habe er jetzt hinter sich. Und dann: Seine Mutter in Kabul habe eine Frau für ihn gefunden.
Soso.
Ja, und er habe sie geheiratet.
Wie?! Eine Frau hier in Ludwigsburg?
Nein, in Kabul.
Eine Frau in Kabul...? Geheiratet...?!
Ja, mit Handy. Mit Imam.

Oh mein Gott, diese digitalisierte Welt. In früheren Jahrhunderten gingen Auswanderer in die Fremde und waren dann einfach fort. Vielleicht ein Brief alle Jubeljahre. Die Migranten des 21. Jahrhunderts, die mit dem Handy in der Hand fliehen, heiraten jetzt anscheinend eben mal per Handy eine Frau in Kabul... Gibt's denn sowas.
Ja wie, geheiratet...?
Seine Mutter habe alles arrangiert und ihm ein Foto der Braut geschickt. Dann habe man die Sache gemeinsam mit dem Imam per Handy besprochen. Ja, mit der Braut habe er auch telefonieren dürfen, das sei eine moderne Familie, *in Dorf nicht sprechen, aber Kabul besser,* da sei man lockerer. Dann habe er ein bisschen getanzt vor der Handykamera, und die Braut auch. Das sei vor drei Tagen gewesen. Eine Party werde es demnächst noch geben, bzw. zwei, eine in Kabul und eine in Ludwigsburg.
Du auch kommen!

Manchmal denke ich, ich bin inzwischen mit allen Wassern gewaschen und nichts Menschliches ist mir mehr fremd, aber dann kriegen es diese Jungs doch immer wieder hin, dass es mir die Schu-

he auszieht. Ja, zu deiner Party komme ich natürlich, Party ist immer gut - aber wie stellst du dir denn das alles vor...!?
Willst du zurückgehen nach Kabul?
Nein, das könne er ja nicht wegen der Taliban.
Aber du kannst sie nicht einfach herholen, Firuz.
Er gibt sich optimistisch.
Ein bisschen warten, zwei Jahre, drei Jahre, dann ich gucke...

Da wirst du wohl in die Röhre gucken, Firuz. Die Hürden, dass du deine Braut je leibhaftig treffen wirst, sind von rechtlicher Seite her ordentlich hoch, zumal du wie die meisten der jungen Afghanen keine dauerhafte Aufenthaltserlaubnis hast. Aber das ist nicht der richtige Zeitpunkt, sowas zu sagen. Außerdem gibt's ja immer auch Wege jenseits des Rechts.

Ich stelle lieber noch ein paar Fragen zum Wie und Was, und höre: Jetzt werde er sich 2000,- Euro zusammenleihen müssen und nach Kabul schicken, damit die Braut eine standesgemäße Party ausrichten kann. Wo seine Mutter ihn beim Zeremoniell vertreten wird. Für die Party hierzulande müsse er dann langfristig sparen. Sollte er sich eines Tages von der Angetrauten trennen wollen, so müsse sein Vater ihr die als Brautpreis vereinbarten Ackerflächen abtreten. So sei es mit dem Imam besiegelt worden.

Mir stockt der Atem. Oh je, hoffentlich wirst du das nicht mal bitter bereuen. Aber auch das zu sagen wäre jetzt sinnlos. Ich schlucke. Und kann es noch immer schier nicht glauben.

Machen andere Afghanen das auch so - mit dem Handy heiraten?
Ja, viele, versichert Firuz und nickt kräftig.
Oh, wer denn?
Das will ich jetzt aber genauer wissen.
Mahmoud habe sich kürzlich auch per Handy verheiratet, aber das dürfe er eigentlich niemandem weitererzählen.
Okay, ich schweige, Firuz. Noch andere?

Er überlegt. Mir kommt derweilen ein Verdacht.
Ayub...?
Ja, Ayub auch.
Und noch ein Ali, den ich nicht kenne.
Ach was. Da scheint ja eine regelrechte Heiratswelle in Gang ge-
kommen zu sein.

Stolz zeigt mir Firuz das Foto seiner Braut. Ein unbewegtes Pup-
pengesicht, geschminkt bis zur Unkenntlichkeit. Der Feministin in
mir stellen sich sämtliche Nackenhaare, während die Flüchtlingshelferin versucht, die Contenance zu wahren. Nein, Firuz, ich bin
nicht begeistert davon, dass ihr euch solche Puppen importieren
wollt. Aber Moment mal... was habe ich denn eigentlich erwartet?
Dass er demnächst die Nachbarstochter ehelichen wird? Und
schon wieder hab ich mich bei einer ethnozentrischen Naivität
ertappt. Würde denn ich - notgedrungen in sein Land geraten -
einen afghanischen Bauern heiraten, um mich "gut zu integrieren"?
So einen Mann mit Bart und Turban, der mich fragt, wo denn das
Essen bleibt, während ich am Laptop sitze? Nie und nimmer.

Okay, Firuz, du bist jetzt nun mal hier - hier bei mir in meinem
Land, hier bei mir in meiner Küche - und da halte ich mich an die
normative Kraft des Faktischen. Da möchte ich durchaus, dass du
ein gutes Leben hast mit allem, was dazu gehört. Aber je vertrauter
ihr Jungs mir werdet, desto fremder werdet ihr mir auch. Verdammt
komplex das alles.

Nach einer halben Stunde Äpfelschälen verschwindet Firuz so
plötzlich wie er gekommen ist. Ich bleibe am Küchentisch sitzen
und sortiere meine Gedanken.
Rührend eigentlich, dass er vorbeigekommen ist, um mir das zu
erzählen.
Aber ich mit meinen tapferen Integrationsversuchen am männlichen Versuchsobjekt... geradezu lächerlich, oder?

Ich setze den Topf mit den Äpfeln auf den Herd. Wenn er das nächste Mal kommt, kriegt er Quark mit Apfelmus, so wie meine Mutter es immer gemacht hat. Ich stutze. Sieh mal an, auch ich bin eine, die an Traditionen festhält.

Als ich das nächste Mal auf mein Handy schaue, sehe ich, dass er ein neues WhatsApp-Foto hat: ein Aluminiumkochtopf auf afghanischem Herdfeuer. Ach Firuz, wer wollte das nicht verstehen. Wer allein unterwegs ist, braucht ein Ziel, braucht ein Haus in der Ferne, in dem ein Licht brennt. Wer jung ist, braucht eine Zukunft. Man kann nicht behaupten, dass mein Land euch wirklich eine bietet. Das Leben will gelebt werden und die Hoffnung stirbt zuletzt.

Wem das Heiraten per Handy allzu spanisch vorkommt, dem sei ein Blick in Wikipedia unter dem Stichwort "Handschuhehe" empfohlen. Dort lässt sich nachlesen, dass dies in der Vergangenheit z.B. bei europäischen Adelsfamilien gang und gäbe war und selbst heute noch in westlichen Ländern wie Spanien, Italien, Polen, Portugal und auch einigen US-amerikanischen Bundestaaten rechtlich zulässig ist.

Bei aller Liebe

Um das mal festzuhalten: Ich liebe meine Jungs. Auch wenn sie mich manchmal den letzten Nerv kosten. Meine Jungs, die ich zum Teil noch minderjährig kennen gelernt habe und die jetzt alle im heiratswilligen Alter sind. Und genau da ist Schluss mit lustig.

Navid hat bald Geburtstag, und dann bekommt er von uns ein Geburtstagsgeschenk, wie sich das gehört. Dieses Jahr habe ich eine besondere Idee: Ich schlage ihm vor, dass er mir per Handy Fotos zuschickt und dass ich ihm daraus ein Fotobuch mache: *Meine ersten Jahre in Deutschland.*

Navid ist einer von denen, die sich in letzter Zeit fernmündlich mit einer jungen Dame in Afghanistan verheiratet haben. Also muss ein Foto von Fatime natürlich rein ins Buch, finde ich. Aber da protestiert Navid. Dann könne er das Buch ja keinem seiner Freunde zeigen!
Achso, ich vergaß: Fotos der Frauen unterliegen in traditionsorientierten afghanischen Familien der Kategorie *haram* - alles, was mit Frauen zu tun hat, ist nichtöffentlich. So wie auch ihre Namen niemals außerhalb der Kernfamilie genannt werden sollen. Nicht einmal ein Schwager kenne den Namen seiner Schwägerin.

Aber Navid, wir sind in Deutschland!
Aber seine afghanischen Freunde sind auch in Deutschland...

Und deshalb sollen nicht nur die Fotos von Fatime, sondern auch die von Mutter und Großmutter außen vor bleiben, die zwar in Dschalalabad leben, per Handy aber auch während seiner deutschen Jahre außerordentlich präsent sind.
Oh Pfeifedeggele! entfährt es mir. (Hochdeutsch: Pfeifendeckelchen) Das ist das Wort, das meine schwäbische Schwiegermutter benutzt, wenn sie schlimmere Wörter vermeiden will.

2015 ging eine Welle der Liebe durch unsere Stadt, sagte einmal meine Freundin Anna, die damals an ihrem Wohnort den Asylkreis gründete. *Die sind ja zum Verlieben!* befand eine meiner Tanzkursteilnehmerinnen, als ich 2016 junge Afghanen zum Tanzen mitbrachte. Aber echt jetzt, bei aller Liebe, heute sind wir an einem anderen Punkt. Dass ich ein Fotobuch mache ohne Frauen, das geht ja gar nicht! Dann kaufe ich dir lieber zum Geburtstag ein paar kuschelige Handschuhe. Zieh dich warm an, mein Lieber. Jetzt wird's ernst.

Väter

1.

Zabi verließ sein Land, als seine Frau schwanger war. Er hatte für die Polizei gearbeitet; er hatte vergeblich versucht, es geheim zu halten; als es herauskam und die Taliban ihn massiv bedrohten, verließ er Hals über Kopf sein Dorf. Er war damals 19 und seit ein paar Monaten verheiratet.
Mein Kind besser hat Vater in Deutschland als tote Vater, sagt er zu mir. Das Kind, das mittlerweile vier Jahre alt ist, kennt er von den Fotos, die seine Frau ihm schickt. Der Handyempfang ist schlecht in seinem Tal, will seine Frau mit ihm telefonieren, muss sie auf eine Anhöhe steigen.

Nachdem Zabi in meine Stadt gekommen war, nutze er gleich die erste Gelegenheit, um zu arbeiten. Während andere 1-Euro-Jobber schlapp machten, hielt er durch. Er diente sich hoch. Mittlerweile hat er eine feste Anstellung als ungelernter Arbeiter in einer Gärtnerei, sein Chef hält große Stücke auf ihn.

Von seinem Lohn, der nicht allzu weit über dem Mindestlohn liegt, schickt Zabi das meiste nach Hause.
Ich möchte nicht, dass mein Sohn läuft ohne Schuhe, sagt Zabi.
Sein Vater ist alt und krank, er braucht Geld für Medikamente. Daheim wird die monatliche Überweisung von den Brüdern aufgeteilt. Zabi hat zahlreiche Brüder, da geht es nicht immer nur friedlich zu. Einer der Brüder mache ihm am Telefon oft Stress.
Ich habe gesagt, ich schneide Blätter von Bäume, in Deutschland an Bäume wächst auch nicht Geld!

Zabi ist ein kräftiger Kerl mit einem ernsten, wenn es ihm schlecht geht fast grimmigen Gesicht, im Dunkeln könnte man Angst vor ihm bekommen. Wenn es ihm gut geht, ist sein Gesicht weich, und

dann wird er richtig schön. Sein Deutsch wird immer besser, es macht jetzt Spaß, mit ihm zu plaudern. Als ich heute sein flüssiges Deutsch lobe, grinst er und sagt: *Ich spreche viel deutsch, ich habe deutsche Freundin.*
Das ist besser als jeder Deutschkurs! gebe ich ihm lachend recht.

Seine Freundin habe eine kleine Tochter, erzählt er, die sage jetzt nach einigen Monaten schon *Vati* zu ihm.
Weiß deine Freundin, dass du verheiratet bist?
Ja, das habe er ihr beim ersten Treffen gesagt. Er habe ihr alles erklärt: dass er nicht wisse, ob seine Frau je nachkommen kann oder wie viele Jahre er in Deutschland leben dürfe. Er habe gefragt: Willst du das? Sie habe gesagt: Wenn du ein netter Mann bist, dann kein Problem.

Und weiß deine Frau davon?
Ja, sie wisse alles, und sie kenne auch Fotos von seiner Freundin. Er zeigt mir eins: sein schwarzer Schopf Wange an Wange mit einer quietschfidelen 4-Jährigen, daneben der Blondschopf einer jungen Frau. Das habe er ihr neulich geschickt.
Und was sagt sie dazu?
Sie habe gesagt, dass sie es gut fände, dass er sich eine richtige Familie gesucht habe. Wechselnde Frauenbekanntschaften fände sie nicht so gut. Und dass sie für immer bei ihm bleiben wolle.

Ich frage mich im Stillen, was diese Frau im fernen Land zu solcher Treue animieren mag. Mochte sie ihn? Hofft sie, eines Tages nach Deutschland zu kommen? Zählt sie auf die Überweisungen? Oder fühlt sie sich einfach wohl in der Großfamilie, in die sie hineingeheiratet hat?

Wenn ein Mann länger als ein halbes Jahr von seiner Familie fort gehe, dann müsse er seiner Frau Bescheid geben, ob er vorhabe, zurückzukommen, und wenn nicht, dann müsse er sie freigeben, erläutert mir Zabi. Er habe seiner jungen Frau angeboten, sie freizugeben, aber sie habe das nicht wollen. Es sei allerdings auch nicht einfach für eine Frau, dann einen neuen Mann zu finden.

In Afghanistan dürftest du zwei Frauen heiraten, oder? vergewissere ich mich.

Vier! sagt er und lacht. *Aber teuer.*

Zabi stammt aus einer Sippe von Viehzüchtern. Da einige seiner Verwandten recht wohlhabend seien, gebe es mehrere Männer, die sich mehr als eine Frau leisteten. Einer seiner Onkel habe zwei Frauen, ein anderer drei. Auch seine Frau kenne das, auch ihr Onkel habe eine zweite Frau geheiratet.

Ob das Kind seiner deutschen Freundin einen Vater habe, möchte ich noch wissen. Ja, aber leider kümmere sich dieser Mann nicht um sein Kind. Wow, sein Deutsch beeindruckt mich heute wirklich, solche Wörter wie *kümmern* kennt er nun auch schon. Er habe zu ihr gesagt, fährt Zabi fort, falls sie wieder zum Kindsvater zurück wolle, wäre er einverstanden, denn er wolle dem Wohl des Kindes nicht im Wege stehen. Aber sie habe keinen Kontakt zu dem Mann.

Irgendwo hatte ich dieser Tage die Formulierung gelesen, in dem-und-dem Land werde "Familie anders buchstabiert als bei uns". Wie auch immer, bei Zabi geht es jedenfalls deutlich verantwortungsbewusster und transparenter zu als in so manchen Geschichten, die die romantische Liebe in westlichen Ländern hervorbringt.

2.

Rashid hat eine deutsche Freundin. Sie wohnt eine Zugstunde weit entfernt.
Warum so weit weg, Rashid, warum nicht hier?
Internet, antwortet Rashid.
Freitag nachmittags zieht Rashid seine Arbeitsklamotten aus und fährt zu Michelle. Sie hat zwei Kinder, mit denen spielt er gern. Langsam habe er die kleine Familie immer besser kennen gelernt, und dann habe er schließlich auch Sex mit Michelle gehabt.

Bis Michelle schwanger wurde. Da stellte sich plötzlich heraus: Michelle hat nicht nur einen afghanischen Freund, sondern auch einen syrischen. Seither gibt es Streit zwischen den beiden Männern um das Kind im Bauch. Aber wer von den beiden der Vater ist, das weiß Michelle auch nicht.

Jetzt fährt Rashid nicht mehr so oft hin. Aber die Kinder wollen ihn manchmal sehen. Ans Heiraten denke er jetzt nicht mehr, erklärt er mir, und Sex mit Michelle wolle er auch nicht mehr.
Ich will kein Puff in meine Haus.
Es klingt nicht wie Eifersucht. Mehr wie die Sorge um einen ordentlichen Hausstand.

Als das Kind da ist, fährt er wieder öfter hin. Es sei jetzt drei Monate alt und er spiele viel mit ihm. Er sagt: *Ein schönes Baby!* und strahlt. Er zieht das Handy hervor und streckt es mir hin. Ich sehe: auf dem Handy ein zerknautschtes schlafendes Babygesicht und neben dem Handy seine leuchtenden Augen. Er habe einen Termin gemacht für den Vaterschaftstest. Falls es sein Kind ist, werde er es nicht im Stich lassen.
Ich frage: *Was ist besser - wenn es dein Kind ist oder wenn es nicht dein Kind ist?*
Er schaut mich an, lächelt sein unnachahmlich treuherziges Lächeln und sagt: *Weißt du, ein schöööönes Baby...*

Als ich ein paar Tage später mit seiner Sozialarbeiterin darüber spreche, merkt sie nüchtern an: *Da wächst dann wieder ein Kind in prekären Verhältnissen auf.*

Ja, sage ich, *die Armen bekommen viele Kinder, die Reichen wenige. Und das Leben grünt in jeder Spalte, die es finden kann.*

Und irgendwie, wider alle Vernunft, fühlt sich das an wie ein Triumph.

Kleider machen Leute

Für den Auftritt mit der afghanischen Musikgruppe hat Bari sich im Internet ein afghanisches Gewand besorgt: weite geraffte Hosen, dazu im gleichen Stoff eine Art Oberhemd, das weit bis über die Knie reicht, und darüber eine ordentliche Weste, wie sie mein Großvater trug. Stolz zeigt er mir seine Errungenschaft.
Oh! Zieh mal an!
Ganz anders sieht er damit aus... hundert Mal fremder.

Wann hast du eigentlich zum ersten Mal eine Jeans angezogen, Bari?
In Griechenland sei das gewesen.
Ach.
Dieser flotte junge Mann, den ich nur in Jeans und T-Shirt kenne, hat bis zum Sommer 2015 nie etwas anderes getragen als solche weiten Hosen und solche langen Hemden. Niemand in seinem Dorf hat je etwas anderes getragen.

Das sei sehr unbequem gewesen in den engen Jeans, erzählt Bari. Und er habe sich damals geschämt, weil sie so figurbetont waren. Er zeigt mir lachend, wie er am ersten Tag seine Tasche vor dem Bauch trug, um sich zu bedecken.

Ich schaue ihn an, wie er da vor mir sitzt, mit Turnschuhen und Baseball-Kappe. So "normal" irgendwie...

Nach dem Konzert spreche ich ihn noch einmal darauf an.
Wie ist das für dich, Bari, wenn du diese afghanischen Kleider trägst?
Ich bin in Afghanistan, und die deutschen Leute kommen zu mir zu Besuch, sagt Bari und lächelt versonnen.

Abstände

Mir gefiel das, wenn ich in Nepal des Öfteren Männer Hand in Hand gehen sah. In den Gasthäusern in den Bergen lagen nachts die Männer in ihren Kleidern auf dünnen Matten auf dem Boden, eng aneinandergeschmiegt um einander zu schützen gegen die Kälte.

Mir gefällt das, wenn ich jetzt die afghanischen Jungs in ihren Zimmern sehe, wie sie miteinander auf den Teppichen sitzen und sich bisweilen aneinander lehnen. Ich finde es tröstlich, wenn mir einer erzählt, dass er bei seinem Freund übernachtet hat.
Und wo schläfst du dann? habe ich gefragt, wohl wissend, wie eng es in den Mehrbettzimmern ist.
Auf Teppich oder in Bett von mein Freund.

Aber immer wieder einmal verblüfft es mich, wenn mir einer der Jungs plötzlich ohne Vorwarnung eine Fluse von der Jacke zupft. Mir ein ausgefallenes Haar vom Kragen pflückt. Mir mit einer Geste großer Selbstverständlichkeit gar einen Fussel von der Backe wischt. Es rührt und es irritiert mich.

Und ich frage mich, an welchen Stellen wohl ich ihnen immer wieder einmal verblüffend nahe treten mag.

Unfreundliche Bedienung

Ein junger Afrikaner mit Rastalocken steht am Tresen, er hat einen Schreibblock gekauft und bezahlt mit einem großen Schein. Es entsteht ein Disput über das Wechselgeld. Der junge Afrikaner meint mit ruhiger Stimme, dass noch zwei Euro fehlten. Die Verkäuferin wird wüst: Er solle das Geld nehmen und verschwinden, sonst hole sie die Polizei.

Hinter dem jungen Mann steht meine Frau. Sie rechnet nach und findet auch, dass da zwei Euro fehlen.
Wer weiß wo die zwei Euro geblieben sind, sagt neben ihr in scharfem Ton ein schnittiger Herr im Anzug. Die Frau mit dem Kind, die als letzte in der kleinen Schlange steht, sagt beharrlich nichts und guckt weg.

Ob sie auch ihr mit der Polizei drohen würde, wenn sie Zweifel an ihrem Wechselgeld äußern würde, fragt meine Frau die Verkäuferin. Die brummelt Unverständliches und meine Frau beschließt, eine Beschwerde an die Geschäftsleitung zu schicken.
Guck, da hattest du vermutlich einen exakten Bevölkerungsquerschnitt vor dir, sage ich, als sie es mir erzählt. *Die einen hetzen mit, die anderen helfen, die dritten gucken weg.*

Als ich an diesem Nachmittag Yasin treffe, frage ich ihn, ob er Ähnliches eigentlich auch schon erlebt habe.
Oh ja! sagt er, und erzählt:

Er habe im Supermarkt an der Kasse gestanden, eine lange Schlange hinter sich. Vor ihm ein deutscher Mann, der seine Scheckkarte in den Schlitz gesteckt hatte, aber die Karte funktionierte nicht. Der Mann schien ratlos, wie er nun die 25,- Euro begleichen sollte, und die Verkäuferin sei ungeduldig und sehr unfreundlich mit dem Mann geworden. *Viele Stress gemacht!*

Da habe er, Yasin, seinen Geldbeutel gezückt und gesagt: *Ich bezahle!*
Der Mann habe sich wortreich bedanken wollen, das habe er abgekürzt: *Nicht viel sprechen! Ich bin Afghane. Ich helfe.*

Nicht viel sprechen! habe er dann auch zu der Verkäuferin gesagt, und als sie ihm den Kassenzettel reichte, habe er den zerrissen und ihr die Schnipsel hingeworfen. Die Leute hinter ihm hätten gelacht und bestimmt zwei oder drei hätten ihm den erhobenen Daumen gezeigt.

Wochen später habe ihn eines Tages ein Mann in der S-Bahn angesprochen. Yasin habe ihn nicht erkannt, aber der Mann habe gesagt, er sei der mit der Scheckkarte gewesen. Er steckte ihm 50,- Euro zu, und sie stritten ein Weilchen, weil es ja nur 25,- Euro gewesen waren. Schließlich ging Yasin mit den 50,- Euro heim. *Deutsche mir immer viel geholfen,* sagt er zu mir. *Ich helfe auch deutsche Leute.*

Welch wunderschönes Missverständnis, denke ich im Stillen. Ob man sich mit den Opfern, den Tätern oder den Rettern identifiziert, bleibt doch immer ein Stück weit freie Wahl.

Coaching

Wahidullah hat einen Ausbildungsplatz gefunden, aber zwei Wochen bevor es beginnt, will er plötzlich nicht mehr. Nun will er doch lieber auf die Schule. Oder vielleicht einen Job suchen. Huch, was ist los? Wahidullah braucht dringend ein Coaching.

Ich setze ihn in meinen Beratungssessel.
Wahid, schau mal, es gibt mehrere Wege...
Ich schreibe Zettel und visualisiere seine Optionen.
...und du musst dich jetzt entscheiden...
Gemeinsam wägen wir die zur Verfügung stehenden Optionen mit ihren Vor- und Nachteilen ab.
Ja, Wahid, das ist wirklich nicht leicht.
Wie so oft für euch: Pest oder Cholera. Eine Wahl zwischen Überforderung (Ausbildung machen) und Abschiebungsgefahr (keine Ausbildung machen).

Wahid sitzt kopfschüttelnd vor den Zetteln. Dann fängt er leise an zu singen. Ein Lied mit fremdem Worten, ein Lied in fremden Tönen. Ich lausche.
Das ist schön, Wahid. Was heißt das auf Deutsch?
Wahid sucht nach deutschen Worten: *Leben, wie ist das? Mein Herz versteht nicht meinen Kopf...*
Noch nie hat jemand in meinem Beratungssessel gesungen. Wahid, dafür liebe ich euch.

Aber noch hat Wahid keine Entscheidung gefunden.
Wahid, was willst du machen?
Er schaut mich an.
Du sagen!
Ich wollte deine Autonomie fördern, Wahid. So wie ich das immer mache, wenn jemand da in meinem Beratungssessel sitzt. So wie sich das bei uns gehört.

Ich soll sagen? Ist das besser, Wahid?
Ja, du sagen. Ich mache dann.
Okay, Wahid, machen wir halbe-halbe.
Ich denke, die Schule ist jetzt erstmal das Beste für dich. Aber du schläfst heute Nacht noch einmal, und morgen früh fragst du dein Herz, ob ich Recht habe. Okay?

Und auch dafür liebe und danke ich euch, Wahid: dass ihr mir so oft meine Gewohnheiten und Gewissheiten zerstört.

Stressfaktoren

Weil er Schicht arbeitet, kann Aman keinen Deutschkurs besuchen, also lernt er mit Hilfe einer ehrenamtlichen Unterstützerin. Weil er aus bleiberechtlichen Gründen ein richtiges Zeugnis braucht, hat sie ihn zur Deutschprüfung in einer Sprachschule angemeldet.

Ich treffe Aman beim Einkaufen, wir plaudern ein Weilchen, und er erzählt in seiner radebrechenden Art, dass er übermorgen zur Prüfung gehen wird.
Hast du Stress? erkundige ich mich teilnahmsvoll.
Nein! winkt er vehement ab, *ich keine Stress habe!*
Na, den Satzbau hättest du ja noch ein bisschen üben können, denke ich skeptisch, verkneife mir aber angesichts des nahen Termins jede kritische Äußerung.

Ich eine gute Idee habe, fährt Aman gutgelaunt fort, und nun erklärt er mir, warum er keinen Stress hat: Er werde sich heute Nachmittag ein Busticket kaufen, *und dann ich fahre Schule, ich gucke wo ist. Ich finde!*

Achso...?! Ich wünsche ihm viel Glück und gehe nachdenklich meiner Wege. Man weiß doch nie, wo beim anderen die Probleme liegen.

Kulturtechniken

Halim sitzt mir gegenüber. Mein Blick fällt auf seine Schuhe. Hm, die sehen aber ganz schön abgeratzt aus.
Putzt du manchmal deine Schuhe? frage ich.
Ja, ich immer putze! versichert Halim.
So sehen sie aber nicht aus...
Wie putzt du denn deine Schuhe?
Mit Wasser und Seife, sagt Halim.
Achso. Ja, so sehen sie aus.
Ich zeige dir mal, wie man richtig Schuhe putzt, sage ich unvorsichtig.
Halim protestiert: *Nein, ich kann!*
Mit 20 Jahren ist man schließlich selber groß. Bemutterung und Förderung der Selbstständigkeit - ein ewiger Eiertanz.

Als er das nächste Mal kommt, stelle ich es schlauer an. Ich drapiere zuvor meine Schuhputzutensilien im Flur.
Ich muss schnell noch meine Schuhe putzen, ich brauche heute Abend schöne Schuhe, flunkere ich, und schlage ihm vor, dass er bei der Gelegenheit die seinen auch mal auf meine Weise putzt.
Jetzt beißt er an.

Halim arbeitet als Küchenhelfer, also weiß er, dass man von zu viel Spülwasser rauhe Hände bekommt. Auch was Handcreme ist, weiß er, denn ich habe ihm einmal welche geschenkt. Daran anknüpfend erkläre ich ihm, was Schuhcreme ist.
Achso! sagt Halim und trägt vorsichtig mit dem Lappen die Creme auf.
Halt, auf die Sohlen nicht!
Ich werfe ihm einen sauberen Lappen zu. Gemeinsam wienern wir um die Wette.

Neulich sagte er, diese Sneakers seien sowieso schon ein Jahr alt, die werde er bald wegwerfen. Nachhaltigkeit - auch so ein

Erziehungsziel...
Als seine Schuhe anfangen zu glänzen, ist Halim begeistert.
Ich auch.
Immerhin wieder ein Etappenziel erreicht.

Integration

Fußballweltmeisterschaft, Vorrunde, zweites Spiel. Deutschland
hat Schweden knapp besiegt.
Heute Abend ich freut mich so sehr dass Deutschland gewonnen,
postet Mahdi in Facebook, und dahinter ungefähr 20 Smileys und
ein Herz.

Zukunftsplanung

Die Vokabel "einen Plan machen" kennt Aziz inzwischen. Schon ein paarmal habe ich zu ihm gesagt: *Wir müssen einen Plan machen, wie es weitergeht mit dir.*
Aber einen Plan machen, das kann er noch nicht. Und wie es weitergeht mit ihm und all den anderen jungen Afghanen, das weiß ohnehin keiner, schon gar nicht seit es den neuen Innenminister gibt.

Aber wir brauchen einen Plan, Aziz. Dein Deutschkurs geht nur noch bis Juli.
Also sitzen wir beieinander und sichten die Möglichkeiten. Rosig sind sie nicht.
Was willst du machen, Aziz?
Oh mein Gott, keine Ahnung, seufzt Aziz und rauft sich die Haare.

Die Wenns und Danns sind unüberschaubar für ihn. Ein Dschungel aus Paragrafen (*weißt du, was ein "Paragraf" ist, Aziz?*), Altersbeschränkungen, Zulassungsbedingungen, Bewerbungsfristen sowie asylrechtlichen und politischen Unwägbarkeiten.

Aziz möchte immer am liebsten das Nächstliegende tun. Aber ist das strategisch klug?
Verstehst du "strategisch", Aziz?
Nein, versteht er nicht.
Wieder schauen wir bei Google Übersetzer nach. Aber da gibt's kein afghanisches Dari, nur das verwandte Farsi, und das persische Wort, das da jetzt erscheint, das kennt er nicht. Okay, was nützen euch auch solche Wörter wie "Plan" und "Strategie" in eurem Land, wo nichts als Willkür herrscht.

Als Aziz gegangen ist, haben wir noch keinen Plan, aber immerhin ein paar nächste winzig kleine Schritte. Ich bin erschöpft.

Ich gieße mir den letzten Schluck Tee ein und stelle mir vor: Ich bin als Flüchtling in ein Land geflohen, in dem Frieden herrscht und das Afghanistan heißt. Ich habe einen netten älteren Herrn als ehrenamtlichen Betreuer gefunden. Ich sitze mit ihm auf dem Teppich im Schneidersitz, wir trinken Tee und er fragt mich: *Brigitte, in was für eine Familie möchtest du gerne einheiraten? Und wie hoch sollen wir deinen Brautpreis ansetzen? Wallah, keine Ahnung!* sage ich und raufe mir die Haare.

Erst später erfahre ich, dass solche Fragen in Afghanistan keineswegs den Frauen gestellt, sondern ohne Rücksprache von den Männern beantwortet werden. Aber das ist eine andere Geschichte.

Staunen

Wali ist mein Integrationswunder. Er kam als Analphabet. Nach drei Jahren hat er einen festen Arbeitsvertrag - und sogar unbefristet! Das muss gefeiert werden.
Ich schlage ihm vor, dass wir einen Ausflug machen, und frage ihn, worauf er Lust hat: Stadt, Wald, Fluss oder Berg?
Großes Wasser! sagt Wali.
Also fahren wir an den Bodensee.

Ein richtig großes Wasser hat Wali bisher noch nie gesehen. Da wo er herkommt, gibt es nicht arg viel Wasser. Ein Fluss in der Mitte des Tals - s*o groß wie der Neckar? ja, bisschen größer* - der die Felder bewässert und im Sommer zu einem dünnen Rinn-sal zusammenschrumpft. Drumherum die hohen Berge, baumlos und staubig. Wasser, das kennt Wali vor allem vom Wasserpum-pen am Dorfbrunnen.
Auf der Flucht ist Wali das große Wasser erspart geblieben. Er kam über Land. Den Bosporus hat er verpasst, sie saßen in einen Lastwagen gepfercht, da war nichts zu sehen.

Jetzt steht Wali am Ufer des Bodensees und kann es gar nicht fassen.
So viel Wasser...!

Und dann soll er auch noch hineingehen in dieses Wasser. Vom Nachbarsjungen habe ich eine Badehose ausgeliehen. Vorsichtig wagt sich Wali vor ins Nass.

Auf dem Schiff ist ihm wohler. Er filmt die Wellen. Wali muss sehr viele Fotos machen an diesem Tag. Und mindestens dreißigmal im Laufe des Tages sagt er: *So viel Wasser...!*

Weltkulturerbe

Ein Jahr ist vergangen. Ich fahre wieder mit Wali an den Bodensee. Diesmal will ich ihm das Museum in Unteruhldingen zeigen: das rekonstruierte Pfahlbautendorf aus der Bronzezeit. Wie unsere Vorfahren lebten: 4000 Jahre Menschheitsgeschichte am Ufer des Bodensees. *UNESCO Weltkulturerbe* steht über der Eingangstür. Unterwasserarchäologie und Museumspädagogik vom Feinsten. Ich mag sowas. Mal schaun, was er damit anfangen wird. Womöglich wird er ein paar Ähnlichkeiten zum Dorfleben im Hindukusch entdecken? Ich bin gespannt.

Wali reagiert unbeeindruckt.
Ja, so einen Lehmofen habe seine Mutter auch. Fachmännisch inspiziert er das runde Ding und erläutert mir präzise, wie seine Mutter die Brotfladen an die heiße Ofenwand klebt und sie, wenn sie fertig sind, mit dem Messer ablöst.
Manche der Häuserwände sind mit Lehm verputzt. Er streicht mit der flachen Hand über die Wand. Ja, so mache sein Vater das auch, und er habe schon als Kind dabei geholfen, die bröckelnden Wände auszubessern. Er demonstriert mir mit flinken Gesten, wie man die Erde dafür sieben muss.
Er schaut hoch, weist mit dem Finger auf die dicken Schnüre, die das Dachgebälk zusammenhalten. Solche Schnüre drehe sein Vater auch, dicke und dünne.
Wir betreten eins der anschaulich eingerichteten Bronzezeithäuser. Ja, solche Töpfe stelle seine Mutter auch her. Er deutet mit den Händen eine Drehschreibe an. Solche großen, wie sie da hinten in der Ecke stehen, für Buttermilch. Und solche kleinen da vorne für Joghurt.

Nix Neues also für Wali. Und die Menschheitsgeschichte schrumpft mir nix dir nix zusammen auf ein paar große Felder, die Wali im Eilschritt zu durchqueren hat: Nach der neolithischen Revolution ein paar Jahrtausende bäuerlicher Subsistenzwirtschaft. Dann die

Industrialisierung. Wali hat in seiner Heimat unter anderem gelernt, einen liegengebliebenen LKW zu reparieren. (Okay, nächstes Mal gehen wir ins Automuseum nach Stuttgart.) Und obendrauf die Digitalisierung. Keine Flucht ohne Handy.

Er weist mit der Hand auf die rekonstruierte Bronzezeitküche: Wenn ich mal eines Tages in den Hindukusch käme, dann könne ich das alles in Echt sehen. Und sinniert: Die Deutschen bräuchten wohl so viele Museen, weil sie nicht wissen, wie das Leben der anderen in Wirklichkeit aussieht.

Ungefähr 4000 Jahre sei das alles her, hatte ich ihm erklärt. Nun wird mir das ein wenig peinlich. In seinem Holperdeutsch sagt Wali etwas, das ich nicht ganz verstehe und mir so zusammenreime: *Warte mal noch 4000 Jahre, und im Hindukusch wird's auch so aussehen wie bei euch!*

Um den zeitlichen Abstand etwas zu verkleinern, erzähle ich ihm eine von den Geschichten, die mir meine Mutter - Jahrgang 1925, Bauernkind im Danziger Land - oft erzählt hat: Wie sie mit dem Pferdekarren zur Weichsel fuhren, um Wasser zu holen für den Tag, und dass, wenn sie dann das Kaffeewasser aus dem großen Bottich schöpften, schon mal ein Frosch dabei herausspringen konnte.

Womit wir mit der Aufmerksamkeit wieder beim Wasser sind. Ja, wirklich schön, der Bodensee. Und Wali will heute unbedingt noch ins Wasser springen.

Gangarten

Als ich einmal 6 Wochen in Westafrika war, hatte ich mich daran gewöhnt: Man geht nicht, man schreitet. Es hatte mich fasziniert, wie sie in aufrechter Gelassenheit die dicksten Ballen auf dem Kopf balancierten. Und auch ohne Last: dieser gemessene Schritt. Dieses Aufrechtsein. Automatisch richtete auch ich mich auf und wurde auch ich langsamer. Aber nie würde ich, durch unsere europäische Sitzkultur geprägt, je wirklich daran reichen.

Auch bei den jungen Afghanen sehe ich dieses beneidenswerte Aufrechtsein. Allerdings nicht bei allen. Mir scheint, dass dies ein Unterschied ist zwischen denen vom Dorf und denen aus der Stadt, deren Eltern vom Land in die Slums fliehen mussten. Statistisch kann ich das nicht belegen, es ist nur meine bescheidene Empirie. Derjenige, der mir am meisten auffällt durch sein schönes Aufrechtsein, hat jedenfalls als Kind mit der Mutter die Wasserkrüge auf dem Kopf durch's Dorf getragen.

Langsam aber gehen sie alle. Irgendwo habe ich neulich gelesen, die Wissenschaft habe festgestellt, dass das durchschnittliche Gehtempo in verschiedenen Ländern signifikant variiert. Manchmal, wenn ich zu Fuß unterwegs bin mit meinen Jungs, wird das sinnfällig: Gemessenen Schrittes folgen sie mir in immer größer werdendem Abstand. Sie schlendern. Sie schreiten. Ihre Zeit ist ein tiefer ruhiger See. Während meine Zeit eher zum strudelnden Gebirgsbach tendiert.
Hopp-hopp, ihr alten Männer...! rufe ich ihnen zu und eile, weißhaarig, voran.
Aber ich habe keine Chance.
Ich sollte mit ihnen einfach etwas früher losgehen.

Ohne Berechnung

Wenn unsere Untermieterin mich fragt, ob sie mein Auto ausleihen kann, dann überlege ich, ob ich an dem Tag ohne Auto auskomme, und dann sage ich ja oder nein.
Wenn unsere Untermieterin meine Frau fragt, ob sie ihr das Auto leiht, dann sagt meine Frau sofort ja, und anschließend überlegt sie, ob sie an dem Tag selber ohne Auto auskommt. Und dann kommt meine Frau manchmal zu mir und will mein Auto leihen.
Letzteres ähnelt der afghanischen Art: reagieren statt kalkulieren.

Amir hat sich von seiner Deutschlehrerin Geld geliehen, um seinem Vater in Afghanistan einen Krankenhausaufenthalt zu finanzieren. Es ist ihm ganz wichtig, seine Schulden so schnell wie möglich zurückzuzahlen. Er richtet einen monatlichen Dauerauftrag ein, aber die Raten setzt er so hoch an, dass ihm bei seinem geringen Einkommen gar nicht mehr genug Geld zum Leben bleibt.
Oh Amir, so viel kannst du nicht zahlen, was willst du essen? Bitte erst rechnen, dann zahlen!
Aber Amir ist die Beziehung zu seiner Lehrerin wichtig. Wenn er kein Geld mehr hat, dann leiht er sich halt etwas von einem Freund.

Oder das leidige Thema Termine. Du schlägst einen Termin vor, sie sagen ja - und später merken sie, dass sie mit zwei verschiedenen Menschen zwei Termine ausgemacht haben, beide am gleichen Tag zur gleichen Stunde... und dann ducken sie sich und saen gar nichts mehr und erscheinen nicht.
Die Deutschen stöhnen: mal wieder verkalkuliert.
Aber nein. Gar nicht kalkuliert.
Reagiert.
Auf die netten deutschen Menschen.

Was die Geflüchteten ihrerseits vermutlich immer wieder zur Verzweiflung treibt, sind die genervten Reaktionen dieser merkwürdigen Deutschen auf so etwas Unbedeutendes wie Nichterscheinen oder Zuspätkommen. Was ist schon ein geplatzter Termin im Verhältnis zu einem freundlichen Lächeln und einer Frage, die man selbstverständlich mit Ja beantwortet hat.

Von einem anderen Stern

Im Laufe der Zeit habe ich mich einigermaßen an die orientalische Form des Neinsagens gewöhnt: nicht antworten, zu spät kommen, gar nicht kommen, vergessen. Einen Termin rechtzeitig abzusagen oder zu verschieben scheint eine typisch deutsche Kulturtechnik zu sein, eine seltsame Ausnahmeerscheinung auf dieser großen bunten Erde. Ich habe versucht, diese Kulturtechnik zu vermitteln - mit einigem, aber mäßigem Erfolg. Ich habe versucht, mich anzupassen, und komme jetzt manchmal auch ungeniert zu spät und weiß noch nicht recht, wie ich mich dann finden soll: gelassen oder verlottert? Insgesamt aber ist es mir gelungen, die diversen Formen des Neinsagens als eine Ausprägung kultureller Vielfalt aufzufassen, die notwendigerweise da zu Tage tritt, wo ich auf Menschen stoße, die von einem anderen Stern stammen. Eine Entwicklungsaufgabe also für mein neugieriges Hirn.

Wenn ich aber meine Frau frage: *Hast du heute Nachmittag Zeit für...?* und sie antwortet mit einem unbegeisterten, langgezogenen *Jaaaa...* dann geht mir der Hut hoch. Warum kann sie mir nicht klipp und klar sagen, ob sie will oder nicht? Wenn sie *Ja* sagt, klingt es manchmal wie *Ja, aber*, und wenn sie *Nein* sagt, klingt es bisweilen, wie wenn es eine Zumutung wäre, dass ich überhaupt gefragt habe.

Nun weiß ich ja inzwischen, dass sie als eingeborene Schwäbin einer etwas anderen menschlichen Spezies angehört als ich, die ich ein durch Deutschland vagabundiertes Flüchtlingskind bin. Und so könnte ich eigentlich auch hier die kulturelle Vielfalt anerkennen und es als Lern- und Reifungsaufgabe auffassen, mit ihrer etwas anderen Art des Ja und Nein klarzukommen.

Aber das ist irgendwie anders.
Wenn ich mir vorstelle, ich würde auch ihrem Ja und Nein mit kultureller Neugierde und Geduld begegnen, dann macht sich in mir

ein unangenehmes Gefühl breit: Ich fühle mich plötzlich sehr allein. Denn da spüre ich dann: Auch sie kommt von einem anderen Stern.

Und da ist sie dann plötzlich, diese Sehnsucht nach Menschen, die so ticken wie ich. Die ohne Wenn und Aber das Spiel nach den gleichen Regeln spielen.

Wo Vielfalt zur Lebensbedingung wird, kann es anstrengend werden.

Zu dumm

Ich muss einen Termin machen mit Munir, und da ich grad wenig Zeit habe, lege ich ihn in Gottes Namen auf den Pfingstmontag. Wir müssen dringend ein Schreiben seines Rechtsanwalts besprechen. Es ist so wichtig für seine Zukunft, da kann ich auch mal einen Feiertag opfern. Immer wieder hängt die Zukunft dieser Jungs an seidenen Fäden, die man einfach nicht reißen lassen will.

Aber Munir erscheint nicht.
Dies ist jetzt das vierte Mal in dieser Woche, dass mich ein Flüchtling versetzt.

Sie sind einfach zu dumm, sagt eine Freundin scharf.
Sie verstehen halt oft nicht wirklich, worum es geht. Sie können zu wenig Deutsch und sie begreifen Deutschland nicht, halte ich dagegen.
Wer selber keinen Überblick hat, muss sich eben an die Hand nehmen lassen. Wenn sie die ausgestreckte Hand nicht einmal nehmen...! Die Freundin bleibt erbarmungslos.

Ich muss zugeben, dass mir der Arm wehtut vom geduldigen Ausstrecken.

Ich weiß, dass Munir nicht dumm ist. Ich weiß, wie wenig Deutsch er versteht. Und wie depressiv er ist aufgrund seiner Lebenssituation. Und ich kenne die Haken, die er schlägt, wenn es darum geht, konsequenter Deutsch zu lernen.

Und ich denke an diejenigen unter meinen Freunden, die gern das Rauchen aufgeben würden. Die eigentlich weniger trinken möchten. An die Freundinnen, die weniger Schokolade essen möchten und trotzdem zunehmen. An meine Seminarteilnehmer*innen, die im Seminar begeistert sind und nach dem Seminar das Gelernte doch nicht umsetzen. Ich denke an die Übungen, die mir mein

Orthopäde vor Monaten gezeigt hat und die ich seit Monaten nicht mache, obwohl ich Schmerzen habe, die davon besser werden sollten.

Bin ich konsequenter als Munir? Realitätsbezogener oder gar logischer? Nein, ich handle genau wie er: nicht logisch, sondern psycho-logisch.

Munir hat mich nicht zum ersten Mal versetzt. Ich schreibe dem Rechtsanwalt, dass ich diesen jungen Mann nicht mehr betreuen werde, weil er nicht zu den Terminen erscheint.
Und ich weine.

Ein gutes Jahr später schickt Munir mir eine WhatsApp.
Hallo Frau Brigitte, wie geht es Ihnen.
Seither haben wir eine fruchtbare und entspannte Arbeitsbeziehung. Wenn was ist, meldet er sich. Er hat jetzt einen Job, geht regelmäßig zur Traumatherapie und lernt Deutsch wie ein Weltmeister. Als er nach Deutschland kam, konnte er nicht einmal in der eigenen Sprache seinen Namen schreiben - das hatte er als halbnomadisierender Schafzüchter nicht gebraucht. Jetzt hat er gerade die Führerscheinprüfung geschafft. Sein Arbeitsvertrag wird demnächst entfristet.

Andersherum geht's natürlich auch. Asef war von Anfang an ein Überflieger. Er konnte sogar ein bisschen Englisch, lernte vor allen anderen im Handumdrehen Deutsch, er fand eine Lehrstelle - und dann schmiss er alles hin und verschwand.

Doch zu dumm?
Nehmen wir besser mal an, dass er dafür einen guten Grund hatte.

Zwischenbilanz

In den Jahren meiner Flüchtlingsarbeit habe ich immer und immer wieder gemerkt: Anders muss nicht falsch sein. Aber verstanden heißt keineswegs automatisch einverstanden.

Noch immer werde ich manchmal von meinen Jungs versetzt. Noch immer bilden sie gerne Sätze ohne Prädikat. Und noch immer nervt mich beides. Einige haben bereits einen festen Arbeitsvertrag, aber noch immer macht Hamed nur Zeitarbeit, und noch immer hat Safi die Deutschprüfung nicht geschafft. Noch immer vergessen die Jungs oft Dinge, die sie nicht vergessen sollten. Noch immer schwänzt Firuz manchmal die Schule, wenn auch nicht mehr so oft. Nach dem ebenso mühe- wie hoffnungsvollen Überwinden der Anfangsklippen sind wir in der Ebene der Alltäglichkeit angekommen. Und jetzt?

Jetzt sind mittlerweile etwa die Hälfte der Ehrenamtlichen, die 2015 die Willkommenskultur erfanden, wieder abgesprungen. Die Verbliebenen schaffen wie die Brunnenputzer (oder auf Hochdeutsch: sie haben Arbeit bis zur Halskrause). Viele der Geflüchteten kämpfen jetzt mehr mit depressiven Gefühlen als zuvor, oder auf gut Deutsch: Ihnen geht auf den Fluren der Ämter allmählich die Luft aus.

Die Gesetzgebung versucht in langsamen Schlenkern, sich auf die Bedingungen der Migration einzustellen. Das weckt Hoffnungen, die immer wieder enttäuscht werden. Der Gesetzgeber öffnet Türen: Ausbildungsduldung, Bleiberechtsregelungen, Beschäftigungsduldungsgesetz... und verrammelt sie gleich wieder mit Wenns und Abers. Dass nur nicht zu viele hindurchgehen.

2015 hat Deutschland die Tür aufgemacht und wir sind hineingegangen, sagt Nasir.
Und jetzt?

Deutschland braucht Arbeitskräfte, Flüchtlinge sollen in Mangelberufen die Lücken schließen. Aber mehr als ein Drittel der Geflüchteten, die in Ausbildung gehen, scheitert in der Berufsschule an der deutschen Sprache. Die Ausbildungseinrichtungen versuchen, sich in langsamen Schlenkern auf die Situation einzustellen...

Mir kommen die Schlenker bisweilen arg langsam vor. Wie viel Zeit brauchen wir, um diese fremden Menschen so weit zu verstehen, dass wir gescheit mit ihnen umgehen können? Wie lange braucht es, bis wir wirklich über unseren Tellerrand schauen und ihnen nicht einfach nur den Teller hinschieben: Friss oder stirb?

Nur was man versteht, kann man verändern.
Und was man versteht, das verändert einen.

Im Schrebergarten

Die Nachbarn vom Nachbarn des Nachbarn haben zu viele Äpfel, man könne sie gern bei ihnen vom Baum holen. Der fremde Mann erklärt mir am Telefon den Weg zu seinem Gärtle: *...und dann links nunter und der erste Garten rechts, da wo die deutsche Fahne weht.*

Ich stutze. Deutsche Fahne...?
Und ich rücke an mit einem Trupp Afghanen...
Womöglich sind die dann nicht nett zu meinen Jungs!
Ich entscheide mich zum Frontalangriff.
Dann frag ich mal direkt: Die jungen Leute, mit denen ich komme, sind afghanische Flüchtlinge. Ist das okay für Sie?
Damit habe er kein Problem.
Ich bleibe skeptisch. Auch ich habe meine Vorurteile. Die Schrebergartenkolonie - auch das eine mir eher fremde Kulturzone.
Schaun wir mal.

Das Rentnerehepaar im Schrebergärtle begrüßt uns ausgesprochen freundlich. Die Jungs leeren die Bäume, ich plaudere mit den beiden Alten über den schwierigen Alltag meiner Jungs, die Deutschlandfahne weht leis im Spätsommerwind. Und sie erzählen mir, dass sie die letzten Deutschen sind in dieser Kolonie, *sonst alles Türken, Serben, Italiener - aber alles sehr nette Leute!*

Zum Abschied wünschen wir uns herzlich alles Gute.
Wieder was gelernt.

Einfache Dinge

Manche Freundinnen wundern sich über mich.
Was hast du gemacht am Sonntag?
Äpfel gepflückt mit den Flüchtlingen.
Dass du diese Geduld und Ausdauer hast…!

Mit den Flüchtlingen lerne ich, mich den einfachen Dingen zu widmen. Ein paar Vitamine für euch in den Äpfeln, die ihr euch nicht selber kaufen würdet von eurem wenigen Geld. Eine weichere Matratze für Qaiums kaputten Rücken. Rahmatullah zum Bahnhof bringen, damit er diesmal den richtigen Zug erwischt. Mit Haroun zum Arzt gehen und ihm anschließend erklären, was der zu ihm gesagt hat.

Gerne würde ich viel öfter mit euch über die Unterschiede zwischen meinem und eurem Land reden. Aber das tun wir gar nicht allzu oft. Das hat zwei Gründe: Euer Deutsch reicht nicht arg weit, und wir kommen einfach nicht dazu. Anderes ist dringlicher.

Der Unterschied zwischen eurem und meinem Leben könnte größer nicht sein. Hier die alt gewordene Akademikerin mit den vielen Zusatzausbildungen, da die jungen funktionalen Analphabeten. Mit euch lerne ich einfache Sätze zu bilden. Und die einfachen Dinge ernst zu nehmen, aus denen das Leben besteht. Eine Matratze, eine Kiste Äpfel, die richtige Fahrkarte aus dem Automaten. Mein bislang kinderloses Leben füllt sich mit den sogenannten Kleinigkeiten, die mir früher allzu banal erschienen. Mit euch lerne ich helfen, warten, begleiten, erklären, Mut machen. Dinge, die eine Mutter macht.

Nicht nur die Freundinnen wundern sich, auch ich wundere mich. Und ich stelle fest: Ihr tut mir gut.

Heimatklänge

Wenn ich im Saal meine Tanzkurse gebe, brauche ich für meine Musik immer eine Steckdose mehr als im Saal vorhanden ist. Dann lasse ich die Tür zur Teeküche einen Spalt offen stehen und stöpsele den Stecker um die Ecke herum in der Küche ein.

Als ich heute komme, hinter der Küchentür Stimmengewirr. Ich mache auf und sehe: lauter schwarzhaarige Jungs. Sie kochen Kábuli Paláu, das afghanische Nationalgericht, in riesigen Töpfen. Ein paar der Gesichter kenne ich vom Sehen, und dann ist da auch Latif, der beim Tanzen so elegant die Schultern schütteln kann, und Mostafa, der Gründer des afghanischen Kulturvereins.

Achso, sie kochen hier nur, essen und feiern werden sie im Erdgeschoss, okay, dann kein Problem. *Aschura-Fest*, das kommt mir bekannt vor, das haben unsere alevitischen Nachbarn auch.

Während im Saal meine (überwiegend deutschstämmigen, überwiegend weiblichen) Tanzleut sich zu internationalen Klängen fröhlich im Kreis bewegen, wechsle ich hin und her zwischen den Welten. *Wollt ihr nicht mittanzen?* Und wieder zurück in den Saal. Und dann brauche ich noch etwas aus meinem Spind in der Küche. Hin und her, her und hin.

Es riecht gut aus den Riesentöpfen. *Hab ich auch schon mal gegessen.* Mehrere der Jungs haben schon mal irgendwo mit mir getanzt, das fühlt sich fröhlich-vertraut an.

Andere habe ich noch nie gesehen, die wirken gleich viel dunkler. Überhaupt so viel braune Haut, so viel schwarzes Haar, so viel junge Männlichkeit auf einmal in dieser Küche. In "meiner" Küche, in der ich seit 20 Jahren meinen Stecker einstöpsele. Sonst bin ich hier immer allein.

Nach dem Tanzen schließe ich den Saal ab, die Küche lasse ich offen, sie köcheln immer noch. Aus dem Erdgeschoß schallt inzwischen der Gesang der Männer herauf, *Allahu, illahu* oder so ähnlich.

Wie im Urlaub...

Den Gesang unseres benachbarten Muezzins in Istanbul fand ich damals wunderschön. Jetzt also auch hier in meiner Stadt. Das ist also jetzt Deutschland: Aschura direkt unter meinem Tanzsaal.

Während ich im dunklen Hof mein Fahrrad aufschließe, lausche ich noch eine Weile dem Wechselgesang der Männer.

Ausschließlich Männer...

Der Vorsänger hat eine schöne Stimme, und auch das Hin und Her der Stimmen gefällt mir sehr. Aber jetzt einfach reingehen und mitmachen, das gehört sich ja wohl nicht. Da mich einige kennen, würden Sie mich vermutlich hineinlassen, aber ich käme mir doch seltsam vor.

Ein ganzer Saal voller Männer.

Der Islam gehört jetzt zu Deutschland. Ich weiß nicht wirklich, wie ich das finden soll.

Einzeln sind mir die Jungs ehrlich gesagt lieber.

Fremd

Demnächst gibt's ein internationales Fest auf dem Marktplatz. Abbas hat Lust, dort ehrenamtlich an einem der Stände mitzuhelfen. Ich melde ihn als Helfer an.

Die Antwortmail kommt von einem Menschen, die oder der Timoori Tsoolai heißt. Männlein oder Weiblein? Und aus welchem Land? Ich habe nicht die geringste Ahnung.

Es gibt noch etwas zu klären, ich rufe an. Frau Tsoolai ist am Apparat - aha, also eine Frau, und sie klingt so deutsch, wie man nur deutsch klingen kann. Aha, also hier geboren.

Nein, ich frage sie jetzt nicht, woher ihr Name stammt. Ich will ja nicht nerven. Obwohl ich immer sehr neugierig werde, wenn ich etwas nicht geografisch einordnen kann. Sitze ich in der S-Bahn und die Menschen neben mir sprechen in einer Sprache miteinander, die ich beim besten Willen nicht identifizieren kann, so erkundige ich mich gerne höflich, was das denn wohl für eine Sprache sei. Manchmal ist es dann Mongolisch oder irgendein besonderer kurdischer Dialekt, und manchmal entstehen nette Gespräche daraus.

Frau Tsoolai spricht ihren Namen anders aus als er geschrieben steht, es klingt so wie wenn es Engländer oder Amerikaner waren, die ihren Namen als Erste aufgeschrieben haben. Womöglich sogar ein Name aus einer Sprache, die gar keine eigenen Buchstaben kennt?

Frau Tsoolai klingt am Telefon weiß, jung und deutsch. Aber wer weiß, vielleicht ist sie viel älter als sie klingt und gar nicht weiß. Wäre ihr Name nicht, ich würde mir keinerlei Gedanken über sie machen, außer dass ich sie sehr freundlich finden würde. Aber jetzt beschäftigt es mich, dass es Menschen gibt in meinem Land, von denen ich gar nicht weiß, wo sie herkommen. Ja, nicht einmal weiß, ob sie überhaupt irgendwo "herkommen" und nicht schon immer hier waren.

Frau Tsoolai könnte ihren Sohn Kevin nennen, und Kevin könnte eine deutsche Frau heiraten und ihren Nachnamen annehmen. Dann könnte ich mit ihm telefonieren, ohne mir Gedanken über seinen *Migrationshintergrund* zu machen. Aber wenn ich ihn dann sehen würde, und er hätte schwarze Haare und so eine schöne bräunliche Haut wie die Syrer und Afghanen, dann ginge alles wieder von vorne los.

Wie lange bleiben "die Fremden" fremd?

Lernprozesse

Meine Nachbarin Tina, die früher Lehrerin war, versucht seit einem halben Jahr, Hayatullahs Deutschkenntnisse zu verbessern. Einmal die Woche kommt er nach der Arbeit zu ihr. Für die restlichen Tage gibt sie ihm Hausaufgaben mit. Er sei fast immer pünktlich, sagt Tina, und Hayatullah sagt: *Frau Tina sehr gute Frau!*

Zu mir kommt Hayatullah immer dann, wenn wieder einmal ein Schreiben von irgendeinem Amt gekommen ist. Hayatullah plaudert gern und lebhaft deutsch, hat aber einen durchaus eigenwilligen Umgang mit der deutschen Grammatik. Neulich habe ich beschlossen, angesichts seiner bevorstehenden Deutschprüfung bei unseren Treffen seine Grammatikfehler nicht mehr zu ignorieren, sondern ihn beharrlich zu verbessern. Heute sitzen Tina und ich zusammen und machen so etwas wie Lehrerkonferenz.

Ich könnte ihn manchmal schütteln, sagt Tina. *Diese Woche üben wir's, und nächste Woche hat er's alles wieder vergessen.*
Meine Kopf kaputt, pflegt Hayatullah an dieser Stelle zu sagen.
Mein Kopf IST kaputt, werde ich ihn zukünftig korrigieren.
Aber wie schaffen wir das, dass er bis zum Prüfungstermin in drei Monaten wenigstens noch so viel Grammatik lernt, dass er eine Chance hat?

Wir rätseln. Warum fällt ihm das Lernen nur so schwer?
Ist es die Traumatisierung, das viele Blut, das er hat fließen sehen im afghanischen Dorf, mit den dazugehörigen ärztlich verbrieften Konzentrations- und Gedächtnisstörungen?
Ist es, weil er es einfach nicht einsieht, dass korrektes Deutsch besser wäre als sein Radebrechen? Im Alltag kommt er bisher ja auch so durch.
Ist es ein Mentalitätsproblem? Das In-den-Tag-hinein-leben, das Nicht-planen. In seinem Land lernt man nicht, ein aktives, eigenständiges, intrinsisch motiviertes Leben zu führen. Man lernt zu

gehorchen und sich bei Nichtgefallen wegzuducken. So wie er es macht, wenn Tina beim Deutschüben ein wenig mehr Gas geben möchte. *Hausaufgabe vergessen,* ein nettes Lächeln, fertig.

"Ich will deutsch lernen" heißt ein Lernprogramm im Internet. Welch gut gemeinte Formulierung! Einen eigenen Willen zu haben, und dann sogar noch zu tun was man will, das lernt man nicht in seinem Dorf. Ihm wäre es ja am liebsten, seine Mutter würde jetzt eine Frau für ihn aussuchen und sie ihm hinterherschicken nach Deutschland. Irgendeine. Seine Mutter wird schon wissen, was gut für ihn ist. Wie kann so einer sagen *Ich will.* Wie kann so einer die vielfältigen Angebote an selbstbestimmtem Lernen nutzen? *Meine Kopf ganz kaputt,* würde Hayatullah jetzt wieder sagen, und, seufzend: *Deutschland ganz andere Welt.*

Oder ist das eigentliche Problem, dass er nie gelernt hat, wie man lernt? Er hat uns erzählt, wie gelernt wurde in der Koranschule in seinem Dorf: auswendig, eine Sure nach der anderen, in der fremden arabischen Sprache, und wer einen Fehler machte, wurde vom Mullah geschlagen.

Wie auch immer es sei, Hayatullah nimmt das Deutschlernen zu sehr auf die leichte Schulter. Wir sind uns einig: Wenn er den Test bestehen will, muss er mehr tun.

Müssten wir auf die gelernten Muster zurückgreifen, wenn wir wollen, dass er in drei Monaten die Prüfung schafft? Ist es das, was er kann: gehorchen? Sollten wir ihm einfach sagen: Wir haben beschlossen, soundso oft pro Woche kommst du in der nächsten Zeit zu uns, und das und das werden wir mit dir üben, fertig, keine Widerrede.

Wir, die wir in seinem Alter Bücher über antiautoritäre Erziehung lasen. Müssten wir jetzt ganz andere Saiten aufziehen, wenn wir wollen, dass er es schafft? An dieser Sprachprüfung hängt letzten

Endes auch ein Stück weit seine Chance auf Aufenthaltserlaubnis, es ist also keineswegs egal.
Wäre autoritäre Lenkung womöglich das einfachste für ihn? Müssten wir ihn da abholen, wo er ist?

Müssen wir uns wieder einmal klar machen, dass nichts immer falsch und nichts immer richtig ist? Müssen wir wieder einmal kapieren, dass wir unsere Werte zwar verteidigen müssen, aber sie nicht verabsolutieren sollten?

Tina und ich beschließen: Wir werden uns überwinden, wir werden jetzt mal autoritär. Wir werden es probieren. Kein Wenn, kein Aber. Wir sind gefordert und wir werden fordern. Null Toleranz bis zum Prüfungstermin.

Deutsch

Im Laufe meiner Flüchtlingshelferinnenjahre hat sich mein Verhältnis zur deutschen Sprache deutlich verschlechtert. Ich meine damit nicht, dass ich mir im Kontakt mit manchen meiner Jungs ein regelrechtes Pidgin-Deutsch angewöhnt habe. Ich will ja schließlich verstanden werden. Ich meine damit auch nicht, dass ich in WhatsApp auf die mir persönlich lieb gewordene radikale Kleinschreibung verzichte. Sie sollen es ja von mir nicht falsch abgucken. Nein, das sind pragmatische Anpassungen, das ist in Ordnung so. Aber grundsätzlich muss ich sagen, dass mein Verhältnis zur deutschen Sprache inzwischen ein gestörtes ist.

Ich, die ich lange Jahre so sehr mit Sprache beschäftigt war, die ich Bücher geschrieben, lektoriert und herausgegeben habe. Als 1996 die deutsche Rechtschreibreform kam, war sie mir viel zu zaghaft gewesen, aber es beschäftigte mich dann nicht weiter. Inzwischen jedoch ist mir meine Sprache zum Ärgernis geworden.

Echt, guckt doch bitte mal, wie wir schwätzen! Das ist doch der letzte Käse.
Warum sagen wir *hoch*, aber dann *höher* und nicht *höcher*?
Wo wir doch *noch und nöcher* sagen.
Warum *Maus* und *Mäuse*, aber *Haus* und *Häuser*?
Was soll der Quatsch!
(Das ist der empörte Standardseufzer meiner Mutter, wenn die Kompliziertheit des Lebens ihrem pragmatischen Gemüt zuwiderläuft.)

Oder wieso benutzen wir das Wörtchen *sie* in drei gleichlautenden, aber verschiedenbedeutenden Varianten? sie = Frau, sie = viele, und Sie mit großem S. Hätte man da die deutsche Sprache mit ihrem berühmten Reichtum nicht um ein paar Wörtchen erweitern können, die unterschiedlich klingen?

Oder das Perfekt... Von der Unsinnigkeit des Imperfekts will ich gar nicht erst reden. Wenn ich für meine Jungs, die mit Ach und Krach das Sprachniveau A2 erreicht haben, in der Stadtbücherei nach Lesestoff suche, so scheitere ich am Imperfekt. Alle Bücher, selbst Kinderbücher, sind im Imperfekt verfasst. *Ich ging, er sprach, sie sagten...* Früher ist mir das nie aufgefallen. Meine afghanischen Jungs, die als funktionale oder komplette Analphabeten eingereist sind, werden nie und nimmer das Imperfekt beherrschen. Wozu auch! Wer spricht denn so? Nur Buchschreiber*innen. Was soll der Quatsch.

Achso, das Perfekt, ja, damit kann man wenigstens etwas anfangen im Leben - aber warum so umständlich! Diese verschwenderische Verwendung von Hilfsverben, die keinerlei Informationswert haben: Ich *bin* gelaufen, du *hast* gelacht, er *hat* gekauft...
Gestern ich Aldi gegangen, ich Reis gekauft. Mal Finger hoch, wer das nicht verstanden hat.
Ich angerufen dich, du nicht da. Noch Fragen?

Ja, ich weiß, jetzt stöhnen die Verteidiger der deutschen Sprachschönheit. Aber täte es einem wunderbaren deutschen Gedicht tatsächlich Abbruch, wenn sich Mäuse auf Häuse reimten? Oder meinetwegen auch Mäuser auf Häuser (obwohl ich die kürzere Form bevorzugen würde). Brauche ich wirklich unregelmäßige Verben, um die Schönheit des Lebens preisen zu können?

Deutsch, diese unlogische Sprachkrake. Ein Stacheldrahtzaun, der Arbeitserlaubnisse vereitelt. Und Schulabschlüsse torpediert, nicht nur bei Migranten. Ein Integrationshindernis sondergleichen, dem ich hilflos gegenüberstehe und in dessen Namen ich meine Jungs mit sprachlichen Verbesserungen quälen muss.

Warum...? fragen die Alis und Mohamads mich verzweifelt, wenn ich ihnen die korrekte Form vorspreche.

Nix warum, sage ich ärgerlich - ärgerlich nicht auf ihre klugen Fragen, sondern auf meine Sprache - *isso, fertig.*

Zum Glück weiß ich, dass nichts so bleibt, wie es ist.

Schmetterlinge

Es gibt Schmetterlinge im Bauch und Schmetterlinge auf der
Wiese - über beides habe ich hier bislang noch nicht geschrieben.
Umweltschutz und Sex sind Themen, von denen viele Geflüchtete
schlichtweg keine Ahnung haben.

Mushtaba vertraut mir an, dass er neulich seine Mutter in Pakistan
am Telefon gefragt habe, wie das eigentlich geht mit dem Sex, weil
er doch jetzt allmählich kein Junge mehr sei, sondern ein Mann.
Mushtaba floh mit sechzehn, um der Zwangsrekrutierung durch
den IS zu entgehen, inzwischen ist er neunzehn. Fatiullah erzählt
mir, dass er mit den Kumpels ein paar Mal in den Puff gegangen
sei und dass die Mädchen am Bahnhof ihn dauernd nach seiner
Handynummer fragen. Kein Wunder hat er sich Tripper und Feig-
warzen geholt. Und hat selber keine Ahnung, was das ist, was da
juckt. Ab zum Hautarzt. *Ja, ich komme mit.* Sonst versteht er ja nix.

Umweltverschmutzung, Klimawandel, Zwangsprostitution, Emp-
fängnisverhütung... Themen, die nicht leicht zu erklären sind, wo
jegliche naturwissenschaftliche und sonstige Bildungsgrundlagen
fehlen. Was sind Bakterien und Viren? Was sind Treibhausgase?
Wozu brauchen wir Artenvielfalt? Warum ist es gut, dass man eine
Ehe scheiden lassen kann? Weißt du, wie man ein Kind macht?
Keine Ahnung...

Ich brauche lange Spaziergänge dafür. Am liebsten steige ich dann
mit ihnen auf einen Hügel. Wir brauchen Überblick.

Mit dem Thema Sex sind diese jungen Männer erschreckend
allein. Daheim in ihren Ländern hat man ihnen dasselbe erzählt,
wie man es ebenso in unserem Land noch bis zur Mitte des
20. Jahrhunderts erzählt hat: Dass man von Selbstbefriedigung
Rückenmarksschwund bekommt. Dass man über Sex nicht redet.

Dass man erstmal heiraten soll. Dass kalt duschen hilft. Mehr wissen manche anscheinend nicht.

Von Umweltschutz wissen sie noch weniger. Dass man nicht das Fenster auf Kippe stellen soll, wenn die Heizung an ist.
Warum...?
Dass kleine Autos fürs Klima besser sind als große, und Fahrräder noch besser.
Groß Auto sehr schön!
Alle träumen sie vom Führerschein.

Sie sind ahnungslos. Dafür können sie nichts. Wenn sie ahnungslos bleiben, dafür können WIR etwas. Wenn wir wollen, dass sie sich integrieren in unsere Welt und unsere Werte, dann müssen wir auf sie zugehen. Integration geschieht nicht von allein.

Spaziergang

Ich gehe mit Najibullah an die frische Luft. Wir steigen den Hügel hinauf, droben über'm Fluss gibt es einen schönen Grillplatz mit alten Bäumen. Ein Wanderwegweiser zeigt uns die Richtung: "Zum Galgen".

Natürlich weiß Najib nicht, was ein "Galgen" ist. Ich zögere kurz, ob ich ihm so ein scheußliches Wort erklären soll - aber was soll's, das ist ja alles lange her und ein bisschen Heimatkunde gehört auch zur Integration. Ich zeichne ihm also auf ein Stück Papier, was ein Galgen ist. (Die baumelnde Leiche lasse ich lieber weg.)

Achso, sagt Najib, *ich kenne. In Afghanistan viele!*
Ich stocke.
Hast du sowas gesehen? frage ich überrumpelt.
Ja, ich schon gesehen, nickt Najib.

Wir sitzen in der Sonne unter'm alten Baum. Najib erzählt.

Den Jungen habe er gekannt, der sei ungefähr 18 Jahre alt gewesen. Er habe ihn oft gesehen, wie er mit dem Fahrrad durchs Dorf gefahren sei.
Immer-immer Stress gehabt mit Mutter.
Die Mutter habe den Sohn eines Tages aus dem Haus geworfen, da sei der Sohn in der Nacht zurückgekommen und habe mit einem Messer der Mutter den Hals durchgeschnitten. Da habe man den Jungen an den Galgen gehängt. Das ganze Dorf habe zugeschaut.
Wie alt warst du da, Najib?
Najib überlegt. *Ich glaube zehn Jahre.*

In der warmen Herbstsonne sitzen wir auf der hölzernen Bank unterm Eichenbaum, und die Zeit reißt auf wie ein Vorhang, in meinem Kopf wie auf einem Bild von Brueghel ein Menschenge-

wimmel, unter Eichen oder auf staubigem Dorfplatz, egal, mittendrin ein Najib, der in Jeans und T-Shirt neben mir so unglaublich
normal aussieht, der aber genauso gut ein mittelalterliches Wams
tragen könnte, das war doch im Mittelalter, als sowas hier bei uns
passiert ist, oder?

Daheim gebe ich "Galgen" bei Wikipedia ein.
*...In Großbritannien erfolgten Hinrichtungen am Galgen bis 1964...
Im „Dritten Reich" wurden 1933 Hinrichtungen am Galgen als Exe-
kutionsart wieder eingeführt... In der Folge wurden von 1942 bis
1945 zahlreiche Verurteilte gehängt, unter ihnen viele Wider-
standskämpfer gegen die Hitler-Diktatur... In den USA wurden seit
1976, dem Jahr der Wiedereinführung der Todesstrafe, drei verurteilte Mörder gehängt...*

Stimmt.
Doch noch nicht so lange her.

Staatsmacht

Wenn er aus der Tür seines Elternhauses trat, sah er in der Ferne die Berge. So lange Monir denken konnte, hatten dort oben Taliban gelebt. Manchmal kamen sie auf ihren Motorrädern hinunter ins Dorf. Dann hatten die Leute Angst und versteckten sich in den Häusern.

Monir war jung und stark. Junge starke Männer sind attraktiv für die Taliban. Weil die Taliban ihn zwingen wollten, mitzukommen in die Berge und für sie zu arbeiten, floh er.

Seit die USA ihre Truppen abziehen wollen und mit den Vertretern der Taliban verhandeln, sind die Taliban aus den Bergen herunter in Monirs Dorf gekommen. Sie haben angefangen, einen Wachturm zu bauen auf dem Feld seines Vaters oberhalb des Dorfes. Als der protestiert, schlagen sie ihn zusammen. Monir schickt Geld fürs Krankenhaus. Immerhin, er lebt noch.

Der Vater hat Angst, auch um den jüngsten Sohn, der ihm noch geblieben ist. Die Familie flieht in die Stadt. Dort gibt es natürlich keine Anlaufstelle für Flüchtlinge und kein Amt, auf dem man Sozialhilfe beantragen könnte. Es gibt einen Onkel, der ihnen unwillig ein Zimmerchen zur Verfügung stellt, denn seine eigene Familie ist groß und die Zimmer sind klein. Monir schickt Geld, um den Onkel zu besänftigen.

Derweilen haben die Taliban die Polizeistation des Dorfes überfallen und alle Polizisten getötet. Die Stadt schickt neue Polizisten. Auch die liegen kurze Zeit darauf tot auf der Dorfstraße. Die Stadt schickt keine Polizisten mehr.

Während die Taliban auf dem Acker seines Vaters weiterbauen, bekommt Monir seinen Asylbescheid: Mein Staat sieht nicht genügend Gründe für eine Aufenthaltserlaubnis in meinem Land.

Nun bekommt Monir einen Ausweis, auf dem *Duldung* steht. Was sehr viel schlechter ist als es klingt: Ab jetzt darf Monir sich zwar hier aufhalten, kann aber grundsätzlich jederzeit abgeschoben werden.

Ich fühle mich nicht gern im Widerspruch zu meinem Land. Meinem Land, das gute Schulen und Krankenhäuser baut, Frauen Gleichberechtigung verspricht, die Straßen in Ordnung hält und aufpasst, dass die Polizei nicht zu sehr nach rechts rutscht. Ich lebe ganz gewiss in einem der besten Länder und wollte mit keinem tauschen. Aber ich verstehe auch Menschen, die Gesetze missachten oder um sich schlagen.

Großstadt

Das Bundesamt für Migration und Flüchtlinge ist der Meinung, junge Afghanen können in die Großstadt, vorzugsweise Kabul, zurückgeschickt werden. In dieser Stadt, die man inzwischen auf 5 bis 7 Millionen Einwohner schätzt (so genau weiß das niemand), von denen die Hälfte in erbärmlichen Slums lebt, könnten junge Männer anonym untertauchen und irgendwie als Tagelöhner ihr Leben fristen.

Irfan stammt aus einem Dorf ein paar Autostunden südlich von Kabul. Der Vater seiner Mutter wohnt in der Stadt, er hat ihn früher öfters besucht. Irfan hat also Großstadtkompetenz. Ich möchte von Irfan wissen, wie das so ist in der Stadt.

Wo wohnt denn dein Großvater?
Ich zeichne für die Stadt einen großen runden Kreis auf ein Blatt Papier und ein Stück weiter unten einen kleinen Kreis für das Dorf, dazwischen einen Strich für die Landstraße, auf der die Sammeltaxis fahren.
Irfan erklärt mir, wie er zu seinem Großvater kommt: zu Fuß vom Haus bis zur Landstraße, dann warten, bis irgendwann ein Taxi vorbeikommt, winken, einsteigen, aussteigen am Stadtrand von Kabul auf dem Platz, wo die Taxis halten, und zu Fuß zum Opa.
Wohnt der Opa direkt hier? Ich zeige auf den südlichen Stadtrand.
Natürlich! sagt Irfan.
Wo sollte ein Opa, der aus einem Dorf im Süden stammt, sonst wohnen, als am südlichen Stadtrand. Dort wo alle wohnen, die aus dem Süden in die Stadt kommen. Dort wo jeder jeden kennt, wie im Dorf.
Achso, aber wie ist das dann mit dem anonymen Untertauchen, damit einen die Taliban, die einem damals im Dorf ans Leben wollten, nicht finden... Vielleicht müsste man in ein anderes Viertel ziehen?
Wo bist du noch gewesen in Kabul? Was kennst du? Wo ist zum

Beispiel ein großer Bazar, eine große Moschee?
Keine Ahnung, sagt Irfan. *In Afghanistan nicht spazieren gehen.*
Und schon gar nicht allein. Dann fällt ihm ein, dass er doch einmal
mit dem Großvater und anderen Verwandten in einer großen
Moschee war. Irgendein Fest. Aber er hat keine Ahnung, wo das
gewesen sein mag.
Irfan ist kein Tourist.
Er sei immer beim Opa gewesen. Und dann zu Fuß immer den
gleichen Weg zurück zum Sammeltaxiplatz.

Die Stadt ist groß, sehr groß sogar, und sie wird durch die Binnen-
flüchtlinge immer noch größer - aber eine Großstadt, in der Irfan
anonym untertauchen könnte, das ist sie nicht.

Rückkehr

Sulaiman ist ein moderner Afghane. Er kommt aus der Stadt, er hat studiert, er ist hochintelligent. Im Nu hat er Deutsch gelernt. Aber Sulaiman hat Heimweh nach seiner eigenen Welt. Sulaiman ist zurückgekehrt in sein Land, in seine Stadt.

Seine Eltern allerdings wissen nicht, dass er zurück gekommen ist. Sulaiman wagt nicht, Kontakt aufzunehmen, denn er will seine Familie nicht wieder in Gefahr bringen. Damals hatten ihn die Taliban entführt, um Lösegeld zu erpressen.

Sulaiman will einen Copy-Shop aufmachen, direkt neben der Universität. Die deutschen Freunde schicken ihm Startkapital, so dass er ohne familiäre Unterstützung beginnen kann. Aber die Miete ist höher als die Einkünfte und die ständigen Stromausfälle verderben ihm das Geschäft.

In der Not hat Sulaiman eine andere Idee: Er beginnt, Deutsch zu unterrichten. Die deutschen Freunde sammeln ausrangierte Deutschbücher und schicken ihm ein dickes Paket. 70,- Euro Porto. Sulaiman will das Paket von der Post abholen. Aber einen Tag zuvor haben die Taliban das Postamt in die Luft gesprengt. 12 Tote. Keine Bücher.

Mittlerweile hat Sulaiman in Erfahrung gebracht, dass man innerhalb von Afghanistan ohnehin keine zertifizierten Deutschprüfungen mehr ablegen kann, seit das Goethe-Institut in Kabul wegen der Anschläge geschlossen wurde.

Nun braucht Sulaiman wieder eine neue Idee.

_____

Nachdem ich die Studie der Afghanistan-Expertin Friederike Stahlmann über abgeschobene Afghanen gelesen habe, weiß ich, dass die Geschichte von Sulaiman eine der harmloseren ist.

Kann ich dich anrufen?

Kann ich dich anrufen? whatsäppt Salim.
Ich rufe ihn zurück.
Salim sehr schlecht heute, sagt Salim.
Das kenne ich schon: Wenn es ihm schlecht geht, spricht er von sich in der dritten Person.

Was ist los, Salim?
Nix los, Salim kein Bock habe. Scheiße Leben. Salim möchte tot.
Das kenne ich so noch nicht. Dass er manchmal *Scheiße-Tage* hat, das weiß ich, und dass er dann überlegt, ob er in den Neckar springt. Als er mir das erzählt hat, habe ich ihm das Versprechen abgenommen, dass er mich vorher noch einmal anruft. Er gab mir den Handschlag.

Wie ernst ist das jetzt? Ich sitze da mit dem Handy am Ohr und sage: *Ja, es gibt Scheiße-Tage...*
Ich sage auch: *Ich kenne das. Als ich 15 war, wollte ich sterben. Ich habe es nicht gemacht. Heute bin ich froh.*
Keine Ahnung, ob so eine Argumentation irgendjemanden an einem *Scheiße-Tag* überzeugen kann. Aber womöglich hebt es den Blick ein wenig über den Tag hinaus?

Wir reden, und wir machen viele Pausen.
Ich sage: *Ich glaube, ich verstehe das, Salim. Die Schule ist bald zu Ende. Du weißt nicht, wie es weiter geht. Wir haben noch keinen Job gefunden. Du weißt nicht, ob du in Deutschland bleiben darfst. Du bist nicht gesund. Das ist schwer.*
Ja, sagt Salim in seiner vertrauten einsilbigen Art.

Salim ist allein in Deutschland. Und allein auf der Welt. Seine Familie hat er auf der Flucht aus den Augen verloren, seither fehlt von ihnen jede Spur.

Salim geht seit drei Jahren zur Schule. Ziel: reif werden für den Hauptschulabschluss. Salim hatte in seinem früheren Leben allerdings nur ungefähr ein Jahr lang die Schule besucht. Im ersten Jahr in der deutschen Schule hat er so viel Deutsch gelernt, dass man immerhin mit ihm reden konnte. Im zweiten Jahr, als es richtig an die Grammatik ging, wich er der chronischen Überforderung aus und wurde zum Schulschwänzer. Im dritten Jahr hatte er Glück, er bekam eine Lehrerin, die ihre Schüler liebt. Jetzt schreibt er gute Noten. Aber an *Scheiße-Tagen* rutscht seine deutsche Grammatik wieder gegen Null. Und für einen Hauptschulabschluss oder eine Ausbildung reicht es auch an guten Tagen nicht. In drei Wochen wird Salim aus der Schule entlassen. Salim ist nicht gesund. Es ist schwer, eine Hilfsarbeiterstelle zu finden für jemanden, der körperlich nicht voll belastbar ist.

Warum ich nach Deutschland gekommen? Deutschland zu schwer. Salim ist falsch unterwegs. Besser tot.
Mir steigen die Tränen hoch, meine Stimme zittert, als ich sage:
Ich brauche dich, Salim.
Wir schweigen beide eine lange Zeit. Dann legt er auf.

Ein paar Minuten später ruft er wieder an.
Salim?
Ja.
Pause.
Kopfschmerzen auch habe.
Soll ich dir Kopfschmerztabletten bringen?
Nein. Sein Magen rebelliere gegen Tabletten.
Bauchschmerzen auch?
Ja.
Scheiße, Salim.
Ja.
Wir verabschieden uns.
Ich lasse mein Handy an, du kannst immer anrufen.
Okay.

Gegen Abend rufe ich ihn noch einmal an.
Wie geht es deinen Kopfschmerzen?
Bisschen besser.
Wo bist du?
Ich sitze in Park.
Mit deinen Kumpels?
Ja.
Im Hintergrund höre ich afghanisches Stimmengewirr. Gut.
Ist Jamshid auch da?
Ja.
Noch besser.
Jetzt noch den Blick auf den kleinen Unterschied lenken.
Salim, geht es dir jetzt besser als heute Morgen oder schlechter oder gleich?
Vielleicht bisschen besser, murmelt Salim.

Laut Statistik ist die Suizidrate bei Geflüchteten seit 2015 kontinuierlich angestiegen.

Deutsche Mutter

Als einer meiner afghanischen Schützlinge mich das erste Mal seine *deutsche Mutter* nannte, war ich ebenso verblüfft wie gerührt. Okay, dachte ich überrumpelt. Akzeptiert. Wenn du das so siehst. Ich bin kinderlos und Berufsfrau, ich war derlei Ansprache nicht gewöhnt. Ich hatte es bisher mal grad bis zur Tante gebracht. Ohne solide Vorkenntnisse stolperte ich in die angebotene Mutterrolle hinein.

Als ich den Jungen zu seiner ersten Praktikumsstelle begleitete, kam ich mir so mütterlich vor wie noch nie. Fehlt nur noch die Schultüte, schmunzelte ich innerlich. Als er später seinen Deutschkurs besuchte, hatte ich, die ich mir eigentlich keine Zahlen merken kann, seinen Stundenplan im Kopf. Ich verschickte per WhatsApp Gutenachtgrüße.
So habe ich dich ja noch nie erlebt, stellte meine Frau verwundert fest.

Ein anderer junger Mann begann, mich seine große Schwester zu nennen. Nun mal langsam mit der Großfamilie, dachte ich, nahm dann aber meine Rolle ein so gut ich konnte.

Als später dann noch der Titel *Mama* dazukam, nahm ich es inzwischen gefasst. Ich hatte bemerkt, dass es viele deutsche Mütter gab. *Ali auch deutsche Mutter hat*, wurde mir erzählt, und *Muhamad diese Sofa von deutsche Mutter bekommen*. In Youtube sprach ein studierter junger Syrer in ordentlichem Deutsch über Integration und pries dabei seine *deutsche Mutter*, die ihm viel geholfen habe.

In Büchern las ich genauer nach, wie es sich in diesen Ländern lebt. Da wo der Staat versagt, sei die Familie der einzige sichere Ort im Land. Das leuchtet ein. Wo staatliche Strukturen nur rudimentär vorhanden sind, funktionieren sie mit Schmiergeld oder gar nicht. Wo man nicht weiß, wie sehr der Nachbar mit den Taliban oder dem IS sympathisiert, sieht man sich vor und bleibt daheim. Wo Misstrauen und Angst das Dorfleben beherrschen, ist das Haus das Mauseloch, in das man sich zurückzieht. Da gibt es nur noch die Familie. Welche andere Metapher sollten die Jungs also wählen, wenn sie begannen, Vertrauen zu fassen im fremden Land?

Was aber ist eine Mutter in Afghanistan? Es sei im traditionellen Kontext durchaus üblich, seine Mutter zu siezen, erläutert mir eine afghanische Dolmetscherin. Die Anrede *Mutter* scheint somit vor allem ein Respekterweis gegenüber älteren Damen zu sein - so erklärt es mir auch derjenige meiner Jungs, der neuerdings *Mama* zu mir sagt.

Zum anderen markiert das Wortpaar Mutter-Sohn eine Beziehung gegenseitiger praktischer Unterstützung. Ich frage denjenigen, der mich *Brigitte Mutter* nennt, wen außer seiner tatsächlichen Mutter er in seiner Heimat sonst noch so angesprochen habe. Er gibt mir ein Beispiel: Wenn ein junger Mann im Dorf eine alte Frau beim Tragen einer Last sehe, dann sage er: *Ich helfe Ihnen, Mutter*, und sie antworte: *Danke, mein Sohn*. Im gleichen Atemzug versichert er mir, dass er mich, wenn ich mal richtig alt geworden sei, im Rollstuhl schieben werde.

Mir hat der Muttertitel ungewohnte Gefühlszustände eröffnet: Ich habe die Zone meiner altvertrauten individuellen Autonomie verlassen und bin unversehens zur Glucke mutiert. Tja, so kam ich nach 65 kinderlosen Jahren zu meinen Söhnen. Nun gut, Sarah und Abraham sollen bei der Geburt ihres Erstlings Isaak 90 Jahre alt gewesen sein. Es ist wohl nie zu spät.

Seither habe ich die Freude, meinen afghanischen *batschahó* (Dari: Söhne) meine Welt zu erklären. Die ihnen zwar noch immer das Bleiberecht verwehrt, die ihnen aber in manchen Teilen gut gefällt. Und die mir dabei in neuem Licht erscheint: Das Schöne wird noch schöner, das Verrückte noch verrückter, und eine Menge Fragen stellen sich neu.

Auf Augenhöhe

Irgendwann hatte ich beschlossen, meine Eltern mit ihren Vornamen anzusprechen. Meiner Mutter war es recht. Mein Vater wehrte sich: *Ich bin immer noch dein Vater!*
Ja, Fritz, sagte ich.

In seinen WhatsApps nannte mich Kazem früher gern *Große Schwester*. Seit einiger Zeit schreibt er manchmal *Hallo Mama*.
Nach und nach dämmert mir, dass ich, seit er mich zur *Mama* ernannt hat, in seinen Augen grundsätzlich immer recht habe.
Oh je.
Also zwinge ich ihm Debatten über Meinungsfreiheit auf. Er dagegen erklärt mir vehement, dass Allah wolle, dass man den Eltern gehorche. Und folglich mir auch.
Patt.

Aber natürlich hat auch Kazem einen eigenen Willen. Der setzt sich am liebsten durch, indem Kazem "vergisst", was er mit der deutschen Mama ausgemacht hat. Das will mir nun gar nicht schmecken.

Über Interessenskonflikte und Meinungsverschiedenheiten überhaupt nur zu sprechen, hat sein Allah auch nicht vorgesehen.
Egal, kein Problem, ist Kazems Mantra.
Doch beharrlich nötige ich ihn auf die Metaebene - und er gewöhnt sich daran. Und merkt, dass ihm solche Gespräche gut tun. Die Vokabel *"auf Augenhöhe"* dringt in seinen Wortschatz ein. Hartnäckig und behutsam versuche ich, kleine Keile in sein Weltbild zu schieben: *Und wenn deine deutsche Mama möchte, dass du ihr sagst, wenn dir etwas nicht gefällt, was sagt Allah dann?*
Oh mein Gott..., seufzt Kazem.

Ich muss schmunzeln, als seine WhatsApps neuerdings mit *Hallo Brigitte* beginnen.

Flüchtlingskind

Meine Mutter war 1945 vor dem Krieg geflohen, sie stand, 19-jährig, mit einer Tasche in der Hand am Frischen Haff, hinter ihr brannten die Dörfer.

Mein Vater hatte in den Krieg ziehen müssen, er war grad so alt wie die jungen Afghanen, die heute in meiner Stadt leben. Als er aus der Gefangenschaft nach Deutschland kam, hatte er kaum noch Haare auf dem Kopf, so wie Anwar aus Ghazni, der seine Haare verlor, seit er geflohen ist, und deswegen immer eine Baseballkappe trägt.

Meine Mutter und mein Vater waren Nachbarskinder gewesen. Sie heirateten bald. *Er war ein Stück Heimat*, sagt die 91-Jährige heute.

Der Krieg war vorbei, das Leid galt als beendet. Wir wohnten am Stadtrand in schnell gebauten Häusern und schauten nach vorn. Es schien, als ob nur ich mich fremd fühlte.

Als die Schule vorbei war, zog ich fort und erfand mir ein eigenes Leben. Ich zog von Stadt zu Stadt. Wurzellos, wie ich scheinbar ganz natürlicherweise war, fiel mir das leicht.

Ich strandete in einer Stadt, in die ich nie gewollt hatte. Ich band mich an einen einheimischen Menschen. Und begriff nur langsam in langjähriger Auseinandersetzung, was für einen großen Unterschied das macht: einheimisch oder neig'schmeckt (hochdeutsch: zugezogen).

Ich blieb. Zum ersten Mal wohnte ich länger als ein paar Jahre in demselben Haus. Wir hatten sogar eine Katze. Ein Kind hatte ich nie gewollt. Familie bedeutete mir wenig - ich setzte auf Freundschaft. Das war mein Modell: die freiwillige Verbindung, das Spiel der Kräfte zwischen Freien und Gleichen. Ich nannte meine Frau *meine Freundin*. Ich blieb freiwillig an dem Ort, an den ich nie gewollt hatte, und wir wurden gemeinsam alt.

Dann zogen eines Tages die Flüchtlinge ein paar Straßen weiter in die Sporthalle ein. Sie kamen aus Ländern, in denen Familie alles ist. Und wo alles der Familie untergeordnet ist. Nun sind sie hier, ein jedes allein auf seine Art. Nicht gewohnt, allein zu sein. Nicht gewohnt, ein Individuum zu sein und sich ein eigenes Leben erfinden zu müssen.

Ich kam zu "meinem Flüchtling" wie die sprichwörtliche Jungfrau zum Kind. Ein sehr fremdes Kind. Ein Kind sucht man sich nicht aus, man bekommt es. Er war tupfengenau so alt wie meine Eltern damals, als sie *Flüchtlinge* hießen. Ein junger Mensch von der Rückseite des Mondes, der fremder nicht sein könnte. Der eines Tages *Mutter* zu mir sagt. Und es ist mir plötzlich egal, dass er weder frei noch gleich ist. In mir spricht es: *Familie*.

Werde ich jetzt sentimental, weil ich in einer Gesellschaft lebe, die den Individualismus auf die Spitze getrieben hat? Während freie Partnerwahl und romantisches Liebesideal hohe Scheidungsraten produzieren und 20 % meiner Mitmenschen in Single-Haushalten leben, kommt da ein Mensch vom anderen Ende der Welt und erinnert mich an das, was ich vergessen hatte: Mutter und Kind.
So einfach?
So schwer.

Auf jeden Fall meine Chance, einem jungen Menschen das anzubieten, was ich erst nach einem halben Leben voller Irrungen und Wirrungen zu meiner Verblüffung im Schwabenländle gefunden habe: ein Stück Heimat.

Systemkonkurrenz

Bei Rahman ist gerade richtig viel zu tun: verschiedene Arzt-
termine, dazu Kuddelmuddel mit der Krankenversicherung, die
begonnene Jobsuche und jetzt noch die Vorbereitung auf seinen
Gerichtstermin. Deswegen macht seine ehrenamtliche Unterstützerin derzeit jede Woche mindestens 1 bis 2 Termine mit ihm
aus.
Beim Arzt und beim Rechtsanwalt erscheint Rahman pünktlich.
So ist sie's eigentlich auch von ihm gewöhnt. Wenn es aber darum
geht, bei ihr vorbei zu kommen, um das Weitere zu besprechen,
dann versetzt er sie neuerdings ein ums andere Mal.

Sie wird ungeduldig. *Rahman, so geht das nicht.*
So war er doch früher nicht. Er kann doch, wenn er will.
Was ist los mit dir, Rahman!?
Sie bekommt es nicht heraus.

In der folgenden Zeit beobachtet sie genauer: Was macht er
denn, statt zu ihr kommen?
Und siehe da, des Rätsels Lösung heißt Tahir. Tahir ist Rahmans
bester Freund. Sie haben sich auf der Flucht kennen gelernt, sie
haben viel miteinander erlebt.
Tahir meine Leben gerettet hat, hat Rahman einmal gesagt.

Beim Verteilen auf die Asylbewerberunterkünfte waren sie aus-
einander geraten. Tahir wurde weit weg an den Rand des Land-
kreises verlegt, Rahman blieb in der Nähe der Kreisstadt. Als Tahir
eine Arbeit fand, sahen sie sich noch seltener.
Tahir ganz deutsch geworden, Tahir immer keine Zeit hat, klagte
Rahman.

Vor kurzem ist Tahir in eine andere Unterkunft verlegt worden. Nun
ist er wieder in der Nähe. Und er hat seinen Job verloren. Nun hat
er Zeit. Zu viel Zeit.

Tahir immer sagt: Wo bist du? Komm zu mir! berichtet Rahman. Und Rahman kommt. Rahman ist glücklich, dass Tahir wieder in der Nähe ist. Und er weiß, was passiert, wenn er nicht kommt: Dann antwortet Tahir tagelang nicht auf seine WhatsApps und geht nicht ans Telefon. So ähnlich wie Rahmans Mutter es früher getan hatte: War er ungehorsam, sprach sie tagelang nicht mit ihm. So wie man es tut in Harmoniekulturen, wo offene Konfrontation verpönt ist.

Nun steht da auf der einen Seite die deutsche Ehrenamtliche mit ihren Terminabsprachen und auf der anderen Seite Tahir mit seinen spontanen Wünschen. Das bringt Rahman in die Bredouille. Die deutsche Helferin verlangt von ihm, dass er berechenbar und zuverlässig die getroffenen Absprachen einhält. Der afghanische Busenfreund dagegen verlangt von ihm, dass er abrufbar ist, und zwar jederzeit.
Wo bist du? Komm zu mir!

Vorhersehbarkeit, Berechenbarkeit - das sind keine tragfähigen Kategorien im afghanischen Leben. Kein Afghane erwartet Absprachen oder, falls welche getroffen werden, deren Einhaltung. Besuch kommt, wenn er kommt, und wird jederzeit eingelassen. Wer kommt, erwartet Empfang, wer ruft, erwartet Antwort, und wer daheim ist, kocht von vornherein immer ein paar Portionen mehr. Wer kommt und abgewiesen würde, verstünde die Welt nicht mehr. Deutsche Reisende preisen die spontane Gastfreundschaft in solchen Ländern, machen sich aber wohl selten klar, welchen Preis an alltäglicher Unplanbarkeit man dafür zahlen muss.

Rahman sitzt zwischen den Stühlen: Diktat der Termine contra Zwang zur spontanen Verfügbarkeit. Enttäuscht er die typisch deutsche Erwartung seiner Unterstützerin und erscheint nicht zur vereinbarten Zeit, so ist sie sauer. Enttäuscht er Tahirs typisch afghanische Erwartung und steht nicht jederzeit spontan dem Freund zur Verfügung, ist Tahir sauer.

Rahman seufzt.

Tahir meine beste Freund.

Und so bleibt ihm nichts anderes übrig, als das kleinere Übel zu wählen und den Unmut seiner Unterstützerin zu riskieren. Denn der Liebesentzug des Freundes ist schlimmer. Und beides zur selben Zeit - allzeit spontaner Freundschaftsdienst und verlässliche Termineinhaltung - das geht nun mal nicht.

Die große Lehre

Beim Einstieg in die deutsche Berufswelt heißt es oft über die Flüchtlinge: Wenn sie das mal gelernt haben mit der Pünktlichkeit, dann ist schon viel gewonnen. Wenn ich meinerseits etwas gelernt habe in meinen Flüchtlingshelferinnenjahren, dann eins: das mit der Pünktlichkeit.

Ich habe gelernt, dass ich keinesfalls darauf bauen kann, dass sie den Termin, den ich heute mit ihnen vereinbare, übermorgen noch erinnern. Auch nicht, wenn ich sie nötige, den Termin vor meinen Augen in ihrem Handy in den Kalender einzutragen. Selbst die, die bei der Arbeit durch Pünktlichkeit glänzen, schalten in der Freizeit gerne wieder um auf den relaxten Umgang mit der Zeit, der ihnen in die Wiege gelegt war. Ja, sie können lernen, einen Kalender zu führen - aber was, wenn sie dann nicht hineingucken?

Mein Bruder, der einige Jahre als Entwicklungshelfer in Nepal war, erzählt mir, wie sehr er sich damals wunderte, dass es in der Nepali-Sprache nicht einmal eine grammatische Form für die Zukunft gibt.
Die Europäer haben die Uhr, wir haben die Zeit - ein orientalisches Sprichwort, das treffender nicht sein könnte.
Was ist typisch deutsch? hat ein Journalist einen Syrer gefragt.
Die Antwort: *Entweder sie sind grad auf Weltreise oder sie haben keine Zeit.*

Wenn ich etwas gelernt habe, dann das: Ob sich einer an den Termin mit mir erinnern und ob er dann auch pünktlich kommen wird, das weiß nur Allah. Das könnte mich empören - hat es auch schon oft - aber ich habe gelernt, mich zweckdienlicher zu verhalten. Wann führt Empörung schon zum Ziel.

Im Arbeitsleben muss man in der Regel jeden Morgen zur gleichen Zeit erscheinen, das ist gewissermaßen Pünktlichkeit für Anfänger.

Wenn Farhad ausnahmsweise einmal Spätdienst hat, dann steht er trotzdem oft schon morgens am Arbeitsplatz auf der Matte, und an manch einem freien Tag auch.

Achso...

Und im Privaten ist Nichterscheinen eben die höfliche orientalische Art, nein zu sagen.

Mit einer weiteren Variante der Unzuverlässigkeit lehrt mich Rafur eines Tages ein weiteres Stück Demut. Er versetzt mich zweimal kurz hintereinander. Mit Schamesröte gesteht er mir dann, dass er nicht mehr Herr im eigenen Kopfe ist. Seit er von der desolaten Lage seiner Familie erfahren hat, die im türkischen Flüchtlingslager gestrandet ist, vergesse er einfach alles. Sein Kopf sei ganz kaputt. Er, der bislang jeden Hinweis auf medikamentöse Hilfe entschieden abgelehnt hatte, bittet mich jetzt, für ihn einen Termin beim Psychiater zu vereinbaren. Wir machen aus, dass ich ihn kurz vorher noch einmal anrufe und dran erinnere, dass er losgehen muss.

Die Methode des kurzfristigen Anstupfens erweist sich insgesamt als praktisch. Nein, ich will mich nicht mehr empören. Lieber schreibe ich meinen Jungs kurz vor dem Treffen eine WhatsApp. Ich schreibe: *Salam alaikum, wie geht's?* füge ein Smiley hinzu oder eine winkende Hand und schreibe dann noch: *bis später um soundsoviel Uhr.*

Dann bekomme ich eine nette Antwort im Stile von *Alles klar* oder *Okay, bis später.*

Und dann klappt's. Meistens.

Und weil die einfachen Dinge die schwersten sind, klingt hier auf dem Papier recht schlicht, was mich in Wirklichkeit viel Selbstüberwindung gekostet hat. Ich muss mir immer wieder sagen, dass Anderssein nicht bedeutet, dass mir jemand übel will. Mich daran erinnern, dass die Software im Kopf schwer umzuprogrammieren ist und dass das nichts mit mangelndem guten Willen zu tun haben muss. Wie oft wurde ich schon zu Hause gescholten, dass ich beim Heimkommen den vollen Mülleimer nicht auf die Straße gestellt hatte.

Überall stehen die Mülleimer draußen, siehst du das denn nicht?! Nein, ich sehe es nicht. Mein Autopilot ist anders fokussiert, wenn ich mit wichtigen Gedanken im Kopf das Gartentörle öffne.

Und so habe ich langsam-langsam gelernt, für die mir genehme Pünktlichkeit selbst zu sorgen. Selber tun, was man selber tun kann. Tun, was funktioniert. Und mich auf das Wiedersehen mit meinen Jungs freuen. Als Mahmoud neulich verspätet klingelte, war es, weil er die Schneeschaufel am Gartentor lehnen sah und erst einmal den Gehweg für uns freigeschaufelt hat. Am mangelnden guten Willen lag's echt nicht.

Spielregeln

Eigentlich wollte ich nicht noch mehr Texte zum Thema verlässliche Termineinhaltung schreiben. Beim Zusammenstellen des Manuskripts nehme ich einige der Texte zu diesem Thema wieder heraus: Wer will das lesen? Nein, das nervt.

Aber letztlich: Die Termine, die wir miteinander vereinbaren, sind die Schnittstellen zwischen ihrer und meiner Welt.

Vorbei ist die Anfangszeit mit den Flüchtlingscafés, wo jede/r kommen und gehen konnte wann er oder sie wollte, die Geflüchteten wie die Deutschen. Vorbei ist die Zeit, als die Jungs noch nicht arbeiten gingen, sondern vormittags in Deutschkursen saßen, und ich sie nachmittags in den Straßen meiner Stadt herumlaufen sah, wo sie mir überaus freundlich zuwinkten. Das hatte Charme, das war die warmherzige Zeit der Willkommenskultur.

Aber Dinge und Menschen sind in ständiger Bewegung. Viele der Willkommenscafés wurden nach und nach wegen schwindender Besucherzahlen eingestellt, statt dessen entstanden z.B. Hausaufgabenhilfestunden. Bei denen es schon etwas mehr um Pünktlichkeit und Verlässlichkeit ging. Auch die Nachhilfestunden wurden allmählich wieder leerer. Die Ehrenamtlichen klagen, dass keiner kommt, sie resignieren oder sie wandern mit den sich verändernden Bedarfen mit.

Inzwischen sind die Jungs berufstätig und haben wenig Zeit. Auch ich arbeite, auch mein Tag hat immer viel zu wenige Stunden. In diese knappe Zeit legen wir unsere Termine. Die sie mal einhalten und mal nicht. Ich habe gelernt, mit ihnen zu jonglieren. Aber manchmal kommt es dicke.

Unser Herzbube hat uns dieses Jahr zu Weihnachten versetzt. Es ist fast schon Tradition, dass wir am 25. Dezember mit ihm eine kleine Bescherung feiern. Aber diesmal kommt ihm der Besuch eines Freundes dazwischen.

Ich komme eine Stunde, feilscht er und versucht verzweifelt, es allen recht zu machen.

Eine Stunde?! Das kannst du dir schenken!

Empört und verletzt rupfe ich die Geschenke wieder aus ihrer Verpackung. Dann kriegt das eben jemand anders! Und die Schokolade können wir auch selber essen.

Einige Tage später raufen wir uns wieder zusammen. Ich schwöre mir, niemals mehr zu vergessen, dass ich gegenüber dem afghanischen Gebot der Gastfreundschaft als deutsche Terminpartnerin keine Chance habe, und trenne mich von dem Gedanken, ein Afghane könnte mit Weihnachten auch nur annähernd etwas Ähnliches verbinden wie ich.

Nach erholsam flüchtlingsfreien Tagen zwischen den Jahren geht der Alltag weiter. Ich habe beruflich einiges vor, aber einen Tag habe ich explizit für die Jungs reserviert, denn auch da drängen mal wieder die Notwendigkeiten. Doch auch dieser taufrische erste Flüchtlingshelfer*innentag im neuen Jahr wird strapaziöser als geplant.

Amjad lässt mich am Morgen erst einmal eine halbe Stunde warten. Ich bin extra früh aufgestanden für ihn, damit wir genug Zeit haben, denn es geht wie so oft um Existenzielles. Aber Amjad hatte nichts mehr im Kühlschrank, er habe nicht frühstücken können und erstmal einkaufen gehen müssen, erklärt er, zückt seine Brötchentüte und krümelt mir das Zimmer voll. Immerhin fegt er die Krümel später selber wieder auf.

Tapfer ignoriere ich die Krümel und konzentriere mich aufs Wesentliche. Wir hatten uns länger nicht getroffen, es ist viel aufgelaufen, wir brauchen drei Stunden, bis wir Land sehen. Als Amjad fort ist, sitze ich noch eine Weile an PC und Telefon, um die Dinge zu erledigen, die ich für ihn übernommen habe. Dann schnell in die Küche etwas essen, denn gleich kommt Ghazal.

Aber Ghazal kommt nicht.

Wo bist du? frage ich per WhatsApp. Keine Antwort.

Also anrufen. Sein Handy ist aus.

Das hat mir jetzt gefehlt.

Auf meinem Schreibtisch türmt sich die eigene Arbeit, aber wenn ich da jetzt etwas anfange, steht er bestimmt im nächsten Moment vor der Tür. Ich räume die Spülmaschine aus, hänge die Wäsche auf. Es dauert eine geschlagene Stunde, bis Ghazal sich meldet: Er habe Besuch bekommen.

Ghazal bekommt zur Zeit viel Besuch. Sein Vater in Afghanistan ist nach langer Krankheit gestorben, Ghazal ist untröstlich. Die gesamte afghanische Jungmänner-Community schart sich nun um Ghazal. *Wie schön, dass sie so zusammenstehen*, denke ich normalerweise, aber heute denke ich das nicht. *Verdammt, kann er nicht **ein**mal nein sagen*, fluche ich. Mein Maß ist voll.

Mein Maß, das so ein anderes ist als ihres. Hunger und Gastfreundschaft - niemand in ihrer Welt würde ihnen etwas verübeln, das aus diesen Gründen geschieht oder nicht geschieht.

Und wo ist überhaupt das Problem, wenn man eine Stunde wartet?

Wenn dein Vater sagt, komm, hilf mir auf dem Feld, und du kommst erst eine Stunde später, was denkt dein Vater? habe ich Baitullah einmal gefragt. Er hat mich verständnislos angeschaut. *Warum? Meine Vater nichts denkt.*

Sie sind Handarbeiter. Wenn ich, während ich auf sie warte, die Spülmaschine ausräume, kann ich das problemlos unterbrechen, sobald es klingelt. Wenn ich aber ein Seminar vorbereiten oder eine Geschichte für dieses Buch schreiben will, ist es etwas anderes. Ich bin Kopfarbeiterin, meine Uhr läuft anders. Wiederholt versuche ich ihnen zu erklären, warum eine Stunde zu warten für mich manchmal ein echt blöder Zeitverlust ist. Sie nicken brav. Verstehen tun sie es wohl nicht so recht.

Ja, ich habe begriffen, dass sie es nicht böse meinen mit mir, wenn sie mich warten lassen. Aber ich möchte Herrin bleiben über meine Zeit. Nach wessen Regeln spielen wir also, wenn wir zusammenkommen wollen - nach ihren oder nach meinen? Bei allem Verständnis bleibt das die Frage.

Wie man einen Termin ausmacht, ja, das lässt sich lernen. Im Deutschtest müssen sie im Rollenspiel beweisen, dass sie das können. Aber es geht dabei ja nicht allein ums Hinzulernen praktischer Kompetenzen. Es geht um die Fähigkeit, individuell zu planen, Prioritäten zu setzen und das eigene Leben zu steuern. Das haben sie nicht gelernt. Und immer wieder ist es im konkreten Fall die Entscheidung zwischen zwei konkurrierenden kulturellen Mustern. Und immer wieder bleiben die Jungs dabei ihren althergebrachten Regeln treu. Ihren Regeln, welche heißen:
- Wenn ein Gast kommt, ist das erstmal das Wichtigste
- Bevor man nein sagt, sagt man lieber gar nichts
- Man muss sein Verhalten nicht erklären, denn die anderen dürfen nicht nachfragen und schon gar nicht meckern
- Man gehorcht den Älteren, man unterwirft sich ihnen ohne Widerrede, aber man rettet sich wo man kann durch stillschweigendes Sich-entziehen
...und was der Regeln mehr sind, die in einer kollektivistischen Kultur mit starkem Machtgefälle und fluidem Zeiterleben als normal gelten mögen.

Mein Maß aber ist voll. Ich möchte jetzt bitteschön meine Regeln durchsetzen. Wenn's nicht anders geht, dann mit Druck. Wer nicht hören will, muss fühlen, hieß es in meiner Kindheit. Den nächsten, der säumig ist, werde ich vor der Haustüre stehen lassen. Dann bin ich halt auch mal nicht da. Dann sieht er mal, wie das ist.

Es trifft Massud. Er kommt gerne mal etwas später und er weiß durchaus, dass mich das nervt. Heute klingelt er mit 25 Minuten

Verspätung. Ich lasse ihn klingeln. Dann ist er den Weg in Kälte und Schnee eben umsonst gegangen. Vielleicht hilft das ja.

Massud klingelt eine geschlagene halbe Stunde lang alle 3 bis 4 Minuten. Und das bei 3 Grad minus. Ups, wenn das keine Motivation ist... Ein Deutscher würde 3 mal klingeln und dann gehen. Massud harrt aus. Wie man in seinem Land ausharrt. Stunden-, ja tagelang, wenn es sein muss.

Nein, ich komme nicht an die Tür. Heute nicht. In meiner Kultur ist Pünktlichkeit die Höflichkeit der Könige. Und ob du das jetzt verstehst oder nicht - mir reicht's.
Als das Gartentor knarrt, schaue ich ihm durchs Fenster nach.
Wie er da geht mit gesenktem Kopf.
Da tut er mir schon wieder leid.

Nein, das ist nicht der Weg. Aber irgendwie muss es doch gehen!
Auf jeden Fall ist jetzt mal Schluss mit der fürsorglichen Tour.
Wenn sie was wollen, müssen sie kommen.
Ich mache keine Termine mehr mit dir. Du kannst Termine mit mir machen.
Kheyal nickt. Er nimmt den Ball auf. Aber guck mal, da spielt wieder einer nach anderen Regeln, als ich vorausgesetzt habe.
Kheyal schreibt: *Hallo wie geht es dir. Ich komme zu dir.*
Hoppla, nun mal langsam!
Nein, Kheyal, tut mir leid, ich habe jetzt keine Zeit. Übermorgen am Nachmittag geht's, schreibe ich zurück.
Und mir wird klar, dass ich den Jungs den Unterschied zwischen einem "Termin" und einer "Verabredung" erklären muss.

Dass ein Termin ein Muss ist, z.B. gesetzt von einem Amt. Dass eine Verabredung dagegen ein Aushandeln ist zwischen zwei Menschen, die beide Ja oder Nein sagen dürfen. Dass man hier bei uns unter Erwachsenen nicht einfach etwas setzt. Nicht einfach etwas tut.

Nicht einfach sagt: *Komm!*
Und auch nicht einfach: *Ich komme!*
Dass man sein Gegenüber zunächst einmal fragt, ob es passt. Und wenn es nicht passt, nach Lösungen sucht, die für beide stimmen. Und dass eine Verabredung erst dann zum "Termin" gerinnt, wenn beide einig sind, was sie tun wollen und wann. Dass man dann damit eine freiwillige Verpflichtung eingeht, und dass man ab da verlässlich ist. Sich hält an sein Wort.

Dass wir das "partnerschaftlich" nennen und dass das Demokratie ist. Dass das so auch in unseren Gremien und Parlamenten geschieht: ein Aushandeln von Kompromissen, die unterschiedlichen Seiten gerecht werden. Ein Berücksichtigen des Gegenübers (im besten Falle). Und wenn man verhandelt hat und dabei eine Lösung gefunden hat, der die Mehrheit zustimmt, dann ist es Gesetz. Und dann hält man sich daran (im besten Falle). Ja, guck mal, das ist Demokratie, das ist Freiheit und Gleichheit und Rechtsstaatlichkeit, und dass das beim Aushandeln einer Verabredung beginnt, das hatte ich bis heute auch noch nicht gemerkt, wieder was kapiert, danke schön.

Ja, Kheyal, Demokratie beginnt in dem Moment, wo ich vor einer fremden Tür stehe. Gehe ich hinein ohne anzuklopfen, so wie deine Kumpels im Flüchtlingsheim stets in dein Zimmer stürmen? So dass du die Tür von innen abschließen musst, wenn du manchmal deine Ruhe haben willst. In meiner Hausgemeinschaft schließen wir unsere Zimmertüren nicht ab, in meinem Haus klopfen wir bei einander an.

Bei Geburtstagen meiner eingeborenen schwäbischen Verwandtschaft, da gibt es das allerdings noch, dass man einander ohne Einladung und ohne Ankündigung besucht. Und wenn man Zeit hat, nichts gemütlicher als das. Das mit der Moderne, der Zeitökonomie und der Demokratie ist auch bei uns noch nicht so alt.

Ab jetzt versuche ich, das Spiel konsequent nach partnerschaftlich-demokratischen Regeln zu spielen.
Hekmat, wir müssen noch etwas besprechen, wann möchtest du kommen?
Wenn sie ihre Termine explizit selber wählen, dann werden sie sie doch wohl einhalten, oder? Hekmat möchte *Freitag 16:00 Uhr* kommen. Ich trage es wohlgemut in meinen Kalender ein.

Was aber, wenn am Freitag grad wieder mal ein Freund zu Besuch kommt...? Noch ein paar Flops später sehe ich ein: Auch so geht es nicht. Es funktioniert nicht, wenn ich in meiner freiheitlich-demokratischen Gesinnung auf freiwillige Einsicht und autonome Selbstverpflichtung bei meinem Gegenüber setze, während dieser seinerseits dem Regime traditioneller Verbindlichkeiten unterliegt.

Nein, sie schaffen es nicht, zwei Herren zu dienen. Um nach unseren - ihnen inzwischen durchaus bekannten - Regeln mitzuspielen, müssten sie in vielen Fällen die Regeln ihrer Herkunft brechen. Das tun sie nicht, denn das können sie sich nicht leisten. Das ist der Knackpunkt. Sie brauchen das bisschen Heimat in ihrer Peergroup. Da kann ich mich gerne ein paar Jahre oder noch länger auf den Kopf stellen und mit den Beinen wackeln, da mache ich letztlich keine Schnitte.

Sie haben gute Gründe, ihren eigenen Regeln und ihrer eigenen Community treu zu bleiben. Wie sie da auf den Teppichen sitzen und alle mit der Hand aus der einen Pfanne essen. Welche Alternative haben sie denn dazu? Was vermögen wir ihnen anzubieten statt der Geborgenheit in der eigenen Kulturzone? Einen Helferjob mit Mindestlohn. Ein Zimmerchen mit Wuchermiete. Kaum Aussicht auf Familiengründung. Was soll sie denn da hinüberlocken in unseren Regelkreis? Nicht einmal unser Essen schmeckt ihnen.

Wohlmeinend ermahne ich Shaban, dass er auch mit anderen deutschen Freunden Ärger bekommen werde, wenn er sich nicht

an Terminabsprachen halte. Er schaut mich an.
Ich keine deutsche Freunde habe, sagt er in einem Ton, als hätte ich mir das doch denken können.
Stimmt, woher auch. Da wo er arbeitet, arbeiten fast ausschließlich Migranten.
Mit seinen Kolleg*innen teilt er einen Dienstplan, den hält er gewissenhaft ein. Aber das ist von oben gesetzt, das ist so etwas wie das Machtwort des Vaters. An Unterwerfung ist er gewöhnt, das hat nichts mit freier Vereinbarung zu tun, das ist insofern eine Pünktlichkeit anderer Art.
Afghanische Leute keine Termine machen! setzt Shaban hinzu und lacht. Lohnt es sich also für ihn, dass er - nur für mich - ein ganzes kulturelles Muster umwirft?

Die vereinzelten Akademiker oder besonders hellen Köpfe unter seinen Landsleuten mögen sich anders arrangieren und anders integrieren, die afghanischen Dorfjungs um mich herum aber scheinen aus guten Gründen an ihren eigenen Regeln festzuhalten. Folglich müssen wir damit rechnen, dass sie die unseren brechen. Immer wieder. Außer wenn grad nichts anderes anliegt. Konkurrieren die Erwartungen der Deutschen zufällig nicht mit ihren eigenen kulturellen Mustern, dann spielen sie durchaus nach unseren Regeln mit, sie sind ja gutwillig.

Und was machen wir damit? Wir können beobachten, wie Parallelgesellschaften entstehen. Derweilen machen sie unsere Helferjobs in den Küchen, Lagern und Pflegeheimen. Ist das der Deal?

Flashback

Ahmadja hat Zahnweh. Ich rufe in der Zahnarztpraxis an. *Er ist Afghane und war sein Lebtag noch nie beim Zahnarzt*, erläutere ich, und dass ich deswegen mitkommen werde.

Als wir in die Praxis kommen, strahlt mich die Arzthelferin an. Das fände sie ja wirklich gut, dass ich mitkäme, und sie habe gemerkt, dass sie mir das unbedingt sagen müsse. Unser Telefonat habe sie plötzlich und unerwartet in die Zeit zurückkatapultiert, als sie aus Kroatien nach Deutschland gekommen sei. Das sei eine harte Zeit gewesen. Damals in den 90er Jahren habe ihre Familie keine deutschen Helfer gehabt. Wirklich hart sei die Anfangszeit gewesen... Ich sehe, wie ihr die Tränen in die Augen steigen.

Sie spricht 100% akzentfreies Deutsch, sie muss als Kind gekommen sein, jetzt mag sie Anfang 30 sein. Sie hat es offensichtlich geschafft: die Sprache, die Schule, die berufliche Integration. Da müsse man *g'schwind aufpassen*, dass man nicht *mitten im G'schäft* anfange zu weinen, sagt sie noch in bestem Schwäbisch, dann strahlt sie mich wieder an.

Ich denke an die vielen, die auch heute keine deutschen Helfer-*innen haben. An die Zeitungen, die immer wieder berichten, dass diejenigen, die keine Nachhilfe und kaum Kontakt zu Deutschen haben, im Deutschkurs oder in der Berufsschule reihenweise scheitern. Nicht alle, die scheitern, kommen aus einem afghanischen Dorf, sie kommen auch aus den Städten, und sie schaffen es trotzdem oft nicht ohne Hilfestellung. Würde ich es schaffen, auf dem Kamelmarkt am Rande von Kabul ein akzeptables Reittier zu erstehen? Man könnte mir gewiss den letzten Gaul andrehen, vorausgesetzt, dass ich den Markt überhaupt gefunden hätte.

Statistik

10 Millionen Menschen ohne deutschen Pass leben Ende 2018 in Deutschland, so meldet es das Statistische Bundesamt laut unserer Tageszeitung.

Ich will es genauer wissen und schaue mir im Internet Statistiken an: Die mit Abstand größte Gruppe stammt aus der Türkei, die zweitgrößte aus Polen, dann kommen die Syrer, gefolgt von den Rumänen. Afghanistan liegt auf Platz 8, knapp vor Russland. Aktuell kommen die meisten neuen Zuwanderer*innen aus EU-Staaten.

Der Ausländeranteil in Deutschland liegt derzeit bei etwa 13 %. Das ist natürlich nicht gleichmäßig verteilt, den höchsten Ausländeranteil unter den deutschen Großstädten hat Frankfurt mit 30 %. Wohlgemerkt: "Ausländer*innen". Das sind Menschen, die ausschließlich einen ausländischen Pass (oder gar keinen Pass) besitzen. Das mit dem "Migrationshintergrund" ist eine andere Sache.

Ich google mir, wie ein "Migrationshintergrund" eigentlich genau definiert ist, und erfahre: In Deutschland versteht man derzeit darunter Personen, die selbst oder deren Vater oder Mutter (also nicht unbedingt beide) mit anderer als mit deutscher Staatsangehörigkeit geboren wurden.
Treffer! Meine Eltern wurden geboren zu der Zeit, als es den Freistaat Danzig gab, sind also beide nicht deutschstaatlich geboren. Folglich habe ich, nach dem Krieg von deutschsprachigen Eltern in Westdeutschland geboren, anscheinend 100% Migrationshintergrund. Okay, ist mir recht, da bin ich in guter Gesellschaft.

Dringt man allerdings tiefer in die Definitionsgeschichte ein, so wird es kompliziert. Da gibt es dann viel Hin-und-her-definieren und zahlreiche Ausnahmen von der Regel: Deutsche Staatsangehörige, die im Ausland geboren wurden, sollen z.B. keine Migranten sein; und die Kriegsflüchtlinge nach dem 2. Weltkrieg, die möchte man offenbar auch lieber rausdefinieren, obwohl bei diesen nicht nur die Danziger in die obige Definition reibungslos hineinpassen würden.

Ich höre auf zu googeln, mir wird das zu unübersichtlich, gut integrierte Postmigrant*innen (wie ich) sind ja hier auch nicht unser Thema. Der Anteil der "Menschen mit Migrationshintergrund" an der Bevölkerung Deutschlands liegt, je nach Spitzfindigkeitsgrad der Definition, jedenfalls irgendwo bei gut 20 %.

Schauen wir nochmal auf die 10 Millionen ohne deutschen Pass. Einige davon, ausländische Studenten beispielsweise, wollen nur übergangsweise hier leben; das Internet verrät mir, wie viele das sind: fast 3 Mio. Rechnen wir die raus, dann bleiben uns noch 7 Mio. Ausländer*innen plus 73 Mio. deutsche Staatsbürger*innen.

Wir können davon ausgehen, dass einige dieser 7 Mio. Ausländer*innen sich in Deutschland ganz gut ohne ehrenamtliche Unterstützung zurechtfinden, z.B. Mitarbeiter*innen US-amerikanischer Firmen, Schweizer Rentner*innen, die in ihrem Ferienhaus am deutschen Bodenseeufer wohnen, übergesiedelte Lebensgefährt*innen aus westeuropäischen Nachbarländern und dergleichen mehr. Ich erspare mir, rauszugoogeln, wie viele das sein mögen. Einfacher ist es, im Internet die Anzahl der Geflüchteten von 2015 bis 2018 zu finden: das BAMF zählt rund 1,5 Mio. Asylanträge.

Jetzt können wir ausrechnen: Wenn jede/r 49. deutsche Staatsangehörige (mit oder ohne Migrationshintergrund) sich ein wenig um eine/n der Geflülchteten kümmern würde, sagen wir mal mit einem Einsatz von 2 Stunden pro Woche, dann wäre schon einiges integriert.

Aber ich will das Thema nicht unzulässig einengen. Auch der osteuropäischen Altenpflegerin (nach Expertenschätzungen bis zu 400.000 Personen) oder dem indischen Programmierer (ca. 8.500

Personen) tut ein wenig Kontakt und Fürsorge von Seiten einge-
borener oder eingebürgerter Nachbar*innen gut. Auch das wäre
zu schaffen.
Aber das ist eben bloß Statistik.

Kultur

Was ist das eigentlich: *Kultur*? Nachdem ich gelesen habe, dass die Wissenschaft keine allgemeingültige Definition dafür gefunden hat, mache ich mir meine eigene: Kultur ist ein Bündel von Gewohnheiten, die unbewusst und unhinterfragt als "richtig" erlebt werden. Kultur merkt man nicht. Sie scheint selbstverständlich. Erst wenn es Störungen gibt, fangen wir an, uns darüber Gedanken zu machen. Dann aber wie! Beim kleinsten grammatikalischen Fehler werde ich hellhörig und frage mich, aus welchem Land der oder die Sprechende wohl kommen mag.

Beim Essen sind wir weniger heikel. Manchen schmeckt immer noch Sauerkraut oder Linsen mit Spätzle am besten, viele aber gehen lieber *zum Inder, zum Griechen* oder *zum Italiener*. Gänzlich ungeachtet dessen, ob dieser *Inder, Grieche* oder *Italiener* nicht vielleicht längst eingebürgert ist. Fremde Kultur als Businessvorteil, als Alleinstellungsmerkmal, als Attraktion.

Egal ob positiv oder negativ besetzt, Kulturunterschiede führen zu emotionalen Reaktionen. Kultur ist uns nicht egal. Denn Kultur soll uns helfen, zu wissen, wer wir sind.

Das Gute am Kulturschock: Wir nehmen das Selbstverständliche plötzlich wahr. Und so geschieht es, dass ich mich mit Mitte 60 erstmals für unser Grundgesetz zu interessieren beginne. Wow, was für ein Buch. Auch wenn nicht alles, was dort geschrieben steht, bereits Wirklichkeit ist. Aber es ist das, was wir für "richtig" halten wollen. Und ich korrigiere meine Kulturdefinition: Kultur ist nicht nur das Gewohnte, sie ist auch das, was Menschen denken, wollen und wünschen. Kultur ist auch: die Arbeit an der Kluft zwischen Wunsch und Wirklichkeit.
In diesem Sinne können wir alle Kulturschaffende sein.

Bleiben

Yousef aus Syrien konnte einigermaßen Englisch, und so war er der erste der Geflüchteten, mit dem ich mich schon 2015 in eine Debatte über Frauenrechte verstricken konnte. Minirock, Kopftuch und so.

Ich weiß nicht mehr genau, was wir gesprochen haben, aber ich sehe ihn noch vor mir stehen, flammend: dass er solche Frauen nicht möge, wie sie hier auf den Straßen zu sehen seien, und dass er später einmal eine gute respektable Frau heiraten wolle. Und dann: *Wenn du einmal Flüchtling würdest, und du müsstest nach Syrien fliehen, dann wolltest du doch auch die bleiben, die du bist!* Ich stutzte. Und gab ihm Recht.

Ja, das stimmt... Das würde ich wollen.

Aber es würde mir nicht gelingen. So wenig wie es dir gelingen wird, Yousef. Heute, nur ein paar Jahre später, bin ich schon nicht mehr dieselbe.

Nein, Yousef, wir werden nicht bleiben, die wir sind. Du wirst dich öffnen, oder du wirst verknöchern. Du wirst dich an die veränderte Welt anpassen, oder du wirst dich radikalisieren. Du wirst allmählich immer deutscher werden, oder noch viel syrischer als du je warst. Und auch wir sind nicht einfach dieselben geblieben, seit ihr zu uns gekommen seid in dieses Land, das wir jetzt mit euch teilen.

Da sind die einen, die euch am liebsten gleich wieder wegschicken würden. Und die anderen, die mit den einen am liebsten nichts zu tun haben möchten. Ausländer raus, Nazis raus... aber sie bleiben doch alle drin im Land und spalten es unter sich auf.

Wenn ich ehrlich bin: Auch ich fühle mich manchmal überfordert in meiner Toleranz. Auch ich fühle mich manchmal "überfremdet", wenn in der S-Bahn um mich herum kaum jemand Deutsch spricht.

Und bevor ich dann über mich erschrecke, erinnere ich mich zum Trost an Wilhelm Busch:
Nenne niemand dumm und säumig,
der das Nächste recht bedenkt.
Ach, die Welt ist so geräumig
und der Kopf ist so beschränkt...
Dieses Babel um mich herum. Ja, es irritiert. Auch wenn ich einen Einzelnen aus der Menge dieser Fremden inzwischen als meinen Ziehsohn betrachte. Individuum und Gesellschaft, das ist nicht dasselbe.

Ich kann nicht mehr mit dir diskutieren, Yousef, denn unsere Bekanntschaft war von jenem Tag an beendet. Du kamst nicht mehr zu den Treffen. Einmal liefen wir uns später an einer Straßenecke über den Weg, mehr als ein überraschtes *Hallo-wie-geht's-danke-gut* haben wir nicht herausbekommen. Ein andermal sahen wir uns von fern, da hast du immerhin freundlich zurückgewinkt.

Wir werden bleiben, Yousef, beide, in dieser Stadt. Du und ich und all die anderen. Und was daraus wird, das wissen wir nicht.

Wenn mein afghanischer Ziehsohn und ich zusammensitzen - auf seinem Teppich oder auf meinem Sofa - dann sagt er manchmal *"Oh mein Gott..."* und ich sage *"Wallah!"* und wir schauen uns an und lachen.

Dunkle Stunden

Doch, es gibt sie durchaus, die dunklen Stunden, wo man sich als Ehrenamtliche fragt, ob das alles Sinn macht. Ob wohl die vielen fleißigen und geduldigen Bemühungen je langfristig zu irgendetwas Gutem führen werden. Oder ob all die Mühen letztlich nur dem geschuldet sind, dass man als Rentnerin irgendetwas braucht, an dem man sich abarbeitet, damit das Leben einen roten Sinnfaden behält. Wie war das mit Brechts Herrn K.? Wie sagte der noch auf die Frage, was er grad so treibe: *Ich arbeite an der Vorbereitung meines nächsten Irrtums.*

Na gut, es gibt sie schon, die Erfolge. Zwei meiner Jungs haben inzwischen einen unbefristeten Arbeitsplatz. Unqualifiziert und bescheiden entlohnt, aber immerhin, und die Chef*innen sind begeistert von ihnen. Das mündliche Deutsch der meisten ist mit den Jahren durchaus besser geworden, auch wenn es viele schriftlich wohl nie auf einen grünen Zweig bringen werden. Auf dem ohnehin katastrophalen Wohnungsmarkt haben die jungen Afghanen kaum eine Chance, aber für Hamid haben wir neulich trotz allem ein Privatzimmer gefunden. Ja, es gibt sie gelegentlich, die Sternstunden, wo es fluppt.

Wenn allerdings einer den Ausbildungsplatz, den man ihm mühsam verschafft hat, hinschmeißt und sich illegal ins Ausland absetzt. Wenn einer trotz Nachhilfe die Deutschprüfung zum dritten oder vierten Mal versemmelt. Wenn einer nach vier Jahren Deutschland immer noch dauernd zu spät kommt. Wenn einer sich trotz liebevoller ehrenamtlicher Fürsorge immer mehr verkrümelt (naja gut, dann wird's womöglich zu viel der Liebe gewesen sein, und die Pubertät nachholen müssen sie schließlich auch noch mit uns). Wenn einer davon träumt, in ein anderes gelobtes Land weiterzuwandern und windigen Pseudoschleppern glaubt, und man ohnmächtig zuschauen muss, wie er sein mühsam erspartes Geld sinnlos in den Sand setzt. Wenn einer sagt: *Ich möchte deutsche*

Freunde haben, aber keinen einzigen Schritt dazu unternimmt. Wenn einer ganz offensichtlich keine Lust hat auf regelmäßige Arbeit. Wenn einer, der eigentlich einen guten Start gemacht hatte, sich einen bigotten Freund aus der eigenen Kultur sucht und in Koranlesungen abtaucht, statt weiter Deutsch zu lernen. Wenn Bücher erscheinen mit Titeln wie *Muslimisch, männlich, desintegriert*. Dann fragt man sich schon, wie das denn klappen soll mit der Integration.

Wenn es mich so erwischt, gehe ich zu Susanne. Susanne arbeitet, seit sie aus der Hochschule kam, mit Migranten. Sie wird von der Kirche bezahlt, damit sie uns Ehrenamtliche vor Verwirrung und Verzweiflung rettet. Susanne weiß alles über Migration, sie ist mein Stecken und Stab, und ich muss ihr jetzt hier mal ein Denkmal setzen. Susanne erzählt mir von den 60er und 70er Jahren, wo es jede Menge Einwanderung gab - ohne ehrenamtliche Unterstützung. Von denen seien die meisten ja auch inzwischen gut integriert. Mit Ehrenamt werde das nun noch besser gehen. Und es seien ja jetzt gar nicht mal so viele wie damals. Und damals seien auch erstmal lauter junge Männer gekommen.

Susanne setzt mir den hängenden Kopf wieder oben auf. Sie erinnert mich daran, dass Dinge und Menschen ihre Zeit brauchen. Drei Generationen mindestens brauche die Integration, sage die Migrationsforschung. Susanne gehört zu den Menschen, die schon lange begriffen haben, dass Integration nicht einfach die Addition einer neuen Kultur zur bisherigen dazu ist. Sie erzählt mir von *hybriden Identitäten*, die man langsam-langsam entwickeln kann, wenn man in eine fremde Kulturzone hineingerät, und siehe da, das tröstet mich. Hybrid, ja, das bin ich auch, wenn nicht gar multipel.

Und dann? Dann mache ich - etwas weniger enthusiastisch und zunehmend nüchterner - weiter.
Was denn sonst?

Silvester

Heute fängt das Jahr an mit ungebührlichem Sonnenschein - viel zu warm für den Januar und trotzdem sehr schön zum Spazierengehen, und so sind wir gleich wieder mittendrin in der Ambivalenz der globalen Veränderungen.

Die meisten meiner Distelfinken scheinen die Silvesternacht überlebt zu haben. Seit ich gehört habe, dass viele Vögel um Mitternacht vor Angst ganz nach oben fliegen und dann in Kälte und dünner Luft vor Erschöpfung tot vom Himmel fallen, finde ich das Silvesterfeuerwerk nicht mehr so prickelnd. Vom Feinstaub ganz zu schweigen. (An diesem Tag ahne ich noch nicht, dass ich schon ein Jahr später mit meinen Bedenken nicht mehr allein sein werde. Immer schneller verändert sich meine Welt.)

Meine geliebten Distelfinken aber hüpfen ganz munter zusammen mit Grünfink und Blaumeise um mein windschiefes Vogelhäuschen und ich nehme das mal tapfer als gutes Omen für meine noch immer weder anerkannten noch abgeschobenen Flüchtlinge.

Am Nachmittag treffe ich Qadir. Begeistert erzählt er mir, dass er dieses Jahr Raketen gekauft hat und sie auf dem großen Platz, wo um Mitternacht immer der Deubel los ist, gezündet hat - sehr zur Bewunderung seiner Kumpel.

Im ersten Jahr in Deutschland habe er ja von Weihnachten nicht wirklich etwas gewusst und sich zu Silvester nur erschreckt. Im zweiten Jahr sei er mit den Freunden auf den großen Platz gegangen. Im dritten Jahr habe er ganz genau hingeschaut, wie die Leute das machen mit den Raketen. Und jetzt, zu seinem vierten Silvester, habe er Raketen gekauft und als Startrampe eine leere Weinflasche mitgenommen auf den Platz.

Qadir strahlt aus allen Poren.

Okay, das mit den Vögeln und dem Feinstaub verkneife ich mir jetzt. Und dass ich ihm neulich Geld leihen musste, damit er was zu essen hat, er aber jetzt 50,- Euro verballert, das versuche ich auch so locker wie nur irgend möglich wegzustecken. Wie heißt das noch: Du warst doch auch mal jung.

Ich sage: *Super, Qadir.*

Und ich sehe widerwillig ein: Das muss ich jetzt als Entwicklungs-, Lern- und Integrationserfolg verbuchen.

Immerhin gefällt mir sein Tempo. Immer schön Schritt für Schritt.

Was ich gelernt habe

Im Laufe eines langen Menschenlebens macht das Hirn viele horizontsprengende Entdeckungen. Immer wieder kommt etwas ins Blickfeld, das ein Stück deiner Welt auf den Kopf stellt. Und du merkst, du brauchst ein paar neue Bilder, um die Welt zu begreifen; du brauchst ein paar neue Werte, um dich zu orientieren; und du brauchst einen anderen Umgang mit manchen Dingen.

Vielleicht noch selten hat eine Erfahrung so sehr meinen Horizont aufgedehnt wie es diese Jahre mit den Geflüchteten getan haben. Noch selten bin ich dem Fremden in meiner eigenen Spezies so nahe gekommen. Ich bin im Dauerpraktikum, sage ich zu meinen Jungs. Nein, so sage ich das nicht, das Wort Dauerpraktikum würden sie nicht verstehen, das ist schon zu komplex. Ich müsste es einfacher sagen. Ich mache immer-immer Praktikum mit euch, so vielleicht, und da ist es schon wieder: Immerzu muss ich mich über den Tellerrand beugen. Das macht gelenkig.

Und was habe ich dabei gelernt?

Ich habe einen noch viel größeren Respekt bekommen vor allem, was anders ist als ich.

Ich habe tausenderlei große und kleine, tragische und vernachlässigbare Missverständnisse erlebt. Ich bin voller Demut und Dankbarkeit für das gelegentliche Wunder des Verstehens - manchmal bin ich das jedenfalls, ein andermal rege ich mich wieder völlig nutzlos auf.

Ich habe erfahren, dass die Bemutterung 20-jähriger Burschen ein ziemlich kniffliger Job ist, der einem so viel Weisheit, Weitsicht und Ambiguitätstoleranz abverlangt, dass es einem dabei immer wieder die Zehennägel hochkrempelt. Dass es aber eine prima Gelegenheit ist, etwas für sich, für andere und für die Gesellschaft zu tun.

Ich habe viel Neugier ausleben können. Und habe dabei auf vielerlei Art beobachten können, dass es mit der Kultur so ist wie mit Grammatik oder Gesundheit: So lange nichts schief läuft, spürt man sie nicht. Wenn's aber holpert, dann bemerkt man sie plötzlich. Und dann wird es interessant. Und schwierig. Dann gibt es keine einfachen Antworten mehr. Mit Kulturunterschieden umzugehen ist wohl ähnlich schwierig wie Elternsein. Es ist die Konfrontation mit dem Leben in all seiner widersprüchlichen Pracht.

Meine Flüchtlingshelferinnenjahre haben mir eine überzeugend anschauliche Illustration der *Kulturdimensionen* geliefert, die der Anthropologie Geert Hofstede beschrieben hat. Ja, in diesen Aspekten unterscheiden wir uns tatsächlich beträchtlich und in jeder Faser alltäglichen Verhaltens:
- im Umgang mit Zeit;
- in der Haltung zu Macht und Hierarchie;
- in der Vorstellung von den Geschlechtsrollen und dem Verhältnis der Geschlechter zueinander;
- in der Bedeutung, die Familie für uns hat, bzw. in der Art, wie wir uns als unabhängiges Individuum oder als abhängigen Teil eines Kollektivs erleben;
- und in der Art, wie wir mit Angst und Ungewissheit umgehen.
Die Theorie kannte ich lange schon - jetzt hab ich's wohl begriffen.

Insgesamt bin ich etwas gelassener geworden. Mein deutscher Perfektionismus hat sich mit der Zeit verpartnert mit einer mehr orientalischen Wurschtigkeit, die meine Frau bisweilen auf die Palme bringt, sie ist anderes von mir gewöhnt. Ich habe endlich gelernt, das Eine oder Andere liegen zu lassen, weil es Wichtigeres zu tun gibt. Gelernt, die Achseln zu zucken über dies und das, zu akzeptieren, dass ich etwas jetzt nicht klären und nicht verstehen kann, *Wallah!* zu sagen und irgendwie weiterzumachen. Ich habe gelernt, auf Sicht zu navigieren, auch wenn mir Planung und Überblick eigentlich mehr liegen.

Ich habe viel Neues gelernt über mein eigenes Land. Nie zuvor hatte ich so viel Begegnung mit Bürokratie. Mir ist dabei deutlich geworden, wie viel eleganter es ist, Paragraphen und Durchführungsverordnungen zu haben als Mauern und Stacheldraht. So kann man Menschen ins Land hineinlassen, ohne sie hineinzulassen. Ich habe miterlebt, wie sehr ein Rechtsstaat sein Recht beugen kann aus Angst vor dem Fremden. Ich habe viel gelernt über die Hilflosigkeit meines Landes, das junge Menschen in Turnhallen und anderen Behelfsunterkünften stapelt, bis sie verschimmeln und zerbröseln, weil mein Land unschlüssig ist, was es mit ihnen anfangen soll.

Und da alles zwei Seiten hat, ist mir ebenso bewusst geworden, wie sehr ich meinem Land dankbar bin: für seine wunderbare Rechtsstaatlichkeit, die mir Schutz und Freiheit garantiert, wie es das in manch anderen Ländern dieser Welt nicht einmal im Ansatz gibt.

Es bleibt der Wunsch, diesen Schutz mit den Menschen zu teilen, die hier gleich um die Ecke wohnen und die inzwischen nicht mehr nur "Fremde" sind. Es bleibt gleichzeitig die Frage, wie wir Freiheit und Gleichheit energisch und wirksam durchsetzen gegenüber denen, die nicht frei und nicht gleich sein wollen - seien sie nun eingewandert oder einheimisch.

Ich bin härter geworden im Nehmen. Ich ertrage es besser, wenn ich schreckliche Geschichten höre. Meine eigenen Probleme sind derweilen zu Stecknadelkopfgröße zusammengeschrumpft. Probleme? Sind das überhaupt welche? Bei meinen Jungs geht es ums Überleben, bei meinen Freund*innen um den nächsten Urlaub. Meine Maßstäbe verschieben sich zunehmend und bringen mich gelegentlich in Widerspruch zu meiner gewohnten Umgebung. Nein, Urlaub mag ich jetzt grad keinen planen, ich muss erstmal ein paar Afghanen retten.

Ich tät auch behaupten wollen, ich bin ein wenig diplomatischer geworden. Ich bemühe mich jedenfalls. Nicht immer so gradaus, wie ich es am liebsten habe. Ein kleines bisschen afghanisch-geschmeidiger vielleicht. Auf jeden Fall geduldiger, doch, ja... nein, leicht fällt mir das nicht. Und ich gestehe: Bisweilen erlebe ich heftige Rückfälle. Es ist nun mal ein Kunststück, über den eigenen Schatten zu springen. Aber wir tun was wir können, die Jungs und ich.

Ich danke

- Kabir aus Pakistan, der im Winter um 3:00 Uhr aufsteht, um in unserer Stadt den städtischen Schneeräumdienst zu machen

- Jalil aus Afghanistan, der sechsmal in der Woche um 5:30 Uhr die erste S-Bahn nimmt, um im Seniorenheim das Frühstück für meine Schwiegermutter zu bereiten

- Halide aus dem Kosovo, die den Saal putzt, in dem ich meine Tanzkurse gebe

- Murat, der vor Erdoğan floh und in der Werkstatt mein Auto repariert

- Shirin aus Teheran und Hamed aus Kabul, die mich so freundlich gepflegt haben, als ich ein paar Tage im Krankenhaus war

- Zaim aus dem Irak, der die Büsche im Park schneidet und im Herbst die Blätter von den Wegen fegt

- Kalil aus Palästina, der unser Badezimmer neu gefliest hat

- Lamine aus Gambia, der unsere Post bringt und der in der Fußgängerzone trommelt und singt

- Nayla, die uns kurdische Tänze beigebracht hat

- Šani, der manchmal mit seinem Akkordeon Roma-Lieder für uns spielt

- Chidima aus Nigeria, die in der Bäckerei immer so strahlt, wenn ich Brötchen hole

- Tesfaye aus Eritrea, der im Restaurant die Teller wäscht, von denen wir gegessen haben

- Wael aus Syrien, der am Bahnhof Falafel verkauft

und all den anderen für ihren Beitrag zu meinem Alltag und zur deutschen Zivilgesellschaft. Gleichzeitig ist mir bewusst, dass Integration ins Arbeitsleben nur ein Schritt von vielen ist und wir gemeinsam unterwegs sind auf einem Weg, den wir nicht überschauen.

Ich danke

- allen Freund*innen und Bekannten, die mir bei meiner ersten Probelesung sagten: Mit diesen Texten musst du was machen

- den Lehrer*innen und den Fachbuchschreiber*innen, die mir in den Jahrzehnten zuvor während meiner Weiterbildungen zur Beraterin ermöglicht haben, einen humanistisch-systemisch-konstruktivistisch gefärbten Blick zu entwickeln

- meiner Frau, die meine Schreibabsenzen überwiegend geduldig ertragen hat und die mir beim Gegenlesen mit ihrem ebenso scharfen wie sensiblen Blick half, die Lücken und Stolpersteine in meinen Texten aufzuspüren und auszubessern

- unserer Katze, die sich öfters mal zwischen mich und meinen PC klemmt, sich dort räkelt und schnurrt, bis ich sie kraule und mit einer Hand weiterschreibe

- meinen afghanischen Jungs, die mir ein ruhiges Rentnerinnenleben vereiteln, die meinen Alltag bereichern, mich herausfordern, mir das Herz wärmen, mich an meine Grenzen bringen und meinen Horizont immens erweitern

- dem Leben, das voller Überraschungen ist (auch wenn ich es manchmal gerne übersichtlicher hätte)

Inhalt

Brigitte Heidebrecht

publizierte in den 1980er Jahren in dem von ihr ge-
gründeten *Verlag Kleine Schritte* Lyrik und Prosa und
gab Anthologien heraus. Zwischen ihren Büchern
Lebenszeichen (1980) und *Paarweise* (1995) lagen
15 Jahre schriftstellerischer und verlegerischer Akti-
vität. In den folgenden 20 Jahren beschäftigte sie
sich lieber mit anderen Dingen. Seit 2015, dem Jahr
der sog. Flüchtlingskrise, schreibt sie wieder. Sie
lebt als Tanzpädagogin und Beraterin (Mediatorin,
Supervisorin und Coach) in Ludwigsburg.

Kontakt: info@verlag-grosse-spruenge.de

Gudrun Chopin

Ich gehöre dazu

Geflüchtete und wir

164 Seiten, Taschenbuch, 7,- €
ISBN 978-3-7467-4448-3

Das Buch:

*„Die Erinnerung an meine Kindheit als nachkriegsgeborenes Flüchtlings-
kind stärkt meine Motivation, mich heute für geflüchtete Mitmenschen in
meiner Umgebung einzusetzen. Wenn ich mir treu bleiben will, muss ich
das mir Mögliche für ihr Ankommen in unserer Gesellschaft tun…"*

Gudrun Chopin versteht es, in kleinen und oft anrührenden Geschichten
über ehrenamtliches Leben mit Geflüchteten zu vermitteln, was Solidarität
ist. Geflüchtete, das wird aus jeder Geschichte deutlich, sind nicht nur Bitt-
steller, sondern auch Bündnispartner, sie erinnern uns an unsere eigene
Verletzlichkeit und helfen uns, die Augen zu öffnen für das, was im Leben
wichtig ist.
Kai Weber, Geschäftsführer Flüchtlingsrat Niedersachsen e.V.

Die Autorin:

Gudrun Chopin war 1981 die Initiatorin der *Ökumenischen Initiative für
Flüchtlinge Schwanewede* und ist seither in der ehrenamtlichen Flüchtlingsarbeit aktiv. Daneben engagiert sie sich bei der Schwaneweder Ta-
fel, im Demenzcafé und in der Kirchengemeinde. Als Lehrerin i.R. organi-
siert sie an ihrer ehemaligen Schule weiterhin Altpapiersammlungen und
Bücherbasare zugunsten von Schulen in Afghanistan (www.afghanistan-
schulen.de). Für ihr vielfältiges ehrenamtliches Engagement bekam sie
2006 das Bundesverdienstkreuz. Sie verarbeitet Erlebtes durch das
Schreiben von Gedichten und Geschichten.

Verlag Große Sprünge